シリーズ「遺跡を学ぶ」060

南国土佐から問う弥生時代像

田村遺跡

出原恵三

新泉社

南国土佐から問う弥生時代像
—田村遺跡—

出原恵三

【目次】

装　幀　新谷雅宣
本文図版　中原利絵

第1章　黒潮の海に開けた地

高知龍馬空港と田村遺跡

飛行機は、四国山地を越えると、徐々に高度を下げながら洋上に出た。藍黒色《あいこく》の海原が眼下に迫り、真夏の太陽にきらめくうねりがまぶしい。機はやがて大きく右に旋回し陸地を目指した。汀線《ていせん》を越したかと思うと、滑走路へと滑り込んだ。

ここは高知龍馬空港。南国土佐・高知の空の玄関である。誘導路をターミナルに向かう機のなか、乗客はこれからの観光や仕事のことに思いをめぐらせるだろうが、いま降り立った滑走路の先端に、高知を、いや日本列島の弥生時代を代表する遺跡が眠っているとは考えもおよばないだろう。その遺跡を田村遺跡という（図1）。

高知空港では、一九八〇～八三年にジェット化にともなう発掘調査（一次調査）が、さらに一九九六～二〇〇〇年にかけて滑走路拡張工事にともなう発掘調査（二次調査）が実施された。この二回の大規模調査によって、田村遺跡は縄文時代から中近世、近代におよぶ複合遺跡であ

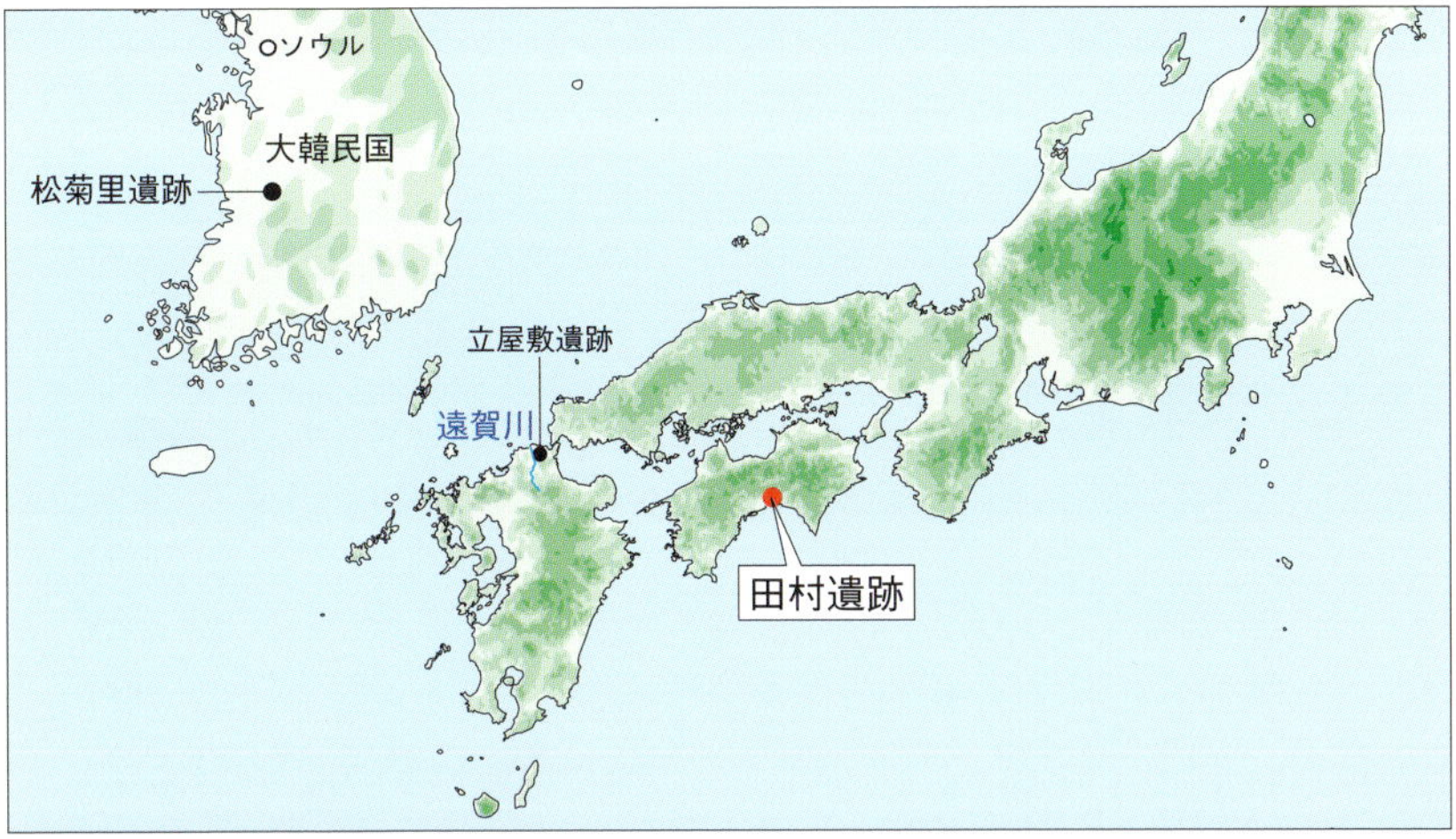

図１ ● **高知龍馬空港と田村遺跡の位置**
滑走路中程から写真奥の先端にかけて田村遺跡が広がっている。手前の海岸近くの住宅密集地がかつての浜堤。その後ろの水田に潟湖が広がっていた。

ることが判明し、とりわけ弥生時代においては、列島屈指の集落遺跡であることが明らかとなったのである。

田村遺跡発見の出発点

田村遺跡発見の出発点は一九五五年にさかのぼる。地元の郷土史家浜田春水《はるみ》（図2）が、水田に散らばっていた弥生前期土器片を採集し、高知県考古学界の牽引者・岡本健児《けんじ》に届けたことに端を発している。その場所はいまは田村遺跡に含まれる小字「西見当《にしけんとう》」で、西見当遺跡と名づけられた。わずか水田数枚の広さで

図2 ● 浜田春水
西見当遺跡の発見者。1973年度南国市民功労賞受賞時の写真。

図3 ● 西見当遺跡の発掘調査
1955年におこなわれた最初の発掘調査（A地点）風景。このとき、貯蔵穴から多量の弥生前期中葉の土器が出土し、西見当式土器と命名された。今日の西見当Ⅱ式土器、Ⅰc期に該当する。

あった。

同年に、高知県教育委員会は発掘調査をおこない（図3）、土坑《どこう》を発見、なかから多くの前期中葉の土器が出土し西見当式土器と命名された。それ以降も小規模な発掘調査がおこなわれ、土坑などとともに環濠《かんごう》の一部も確認された。全国的にも数少ない弥生前期の環濠をもつ集落として、教科書にも登場する著名な遺跡となったのである。また西見当遺跡の周辺でも、造成工事などに際して土器が出土し、岡本はこれら採集された土器をつぶさに観察し、出土地点を確認して型式名を付けて編年を組んでいった。高知の弥生前期から中期十器の編年はほとんどが田村の地で組まれたのである。そして小字名がそのまま遺跡名となって分布していた。

こうして、点としてしか認識されていなかった各遺跡が、その後の調査によって面的につながる大規模集落遺跡としてあらわれることになる。空港拡張にともなう大規模調査では岡本の編年が導きの糸となり、遺構や集落の変遷が解明されていった（図4）。

図４ ● 田村遺跡の２次調査風景
発掘現場のすぐ後ろまでジェット機が迫っている。
夏の発掘現場、日除けの背負が風情を感じさせる。

『土佐日記』の大湊と土佐潟

高知県は、東の室戸岬から西の足摺岬にかけて東西に長く、六八〇キロにおよぶ海岸線で黒潮が流れる太平洋に面している。その中央部は物部《ものべ》川、仁淀《によど》川などの河川が北の四国山地から南の土佐湾へと流れていて、高知平野をかたちづくっている。その高知平野のなかでも、物部川によって形成された扇状地を香長《かちょう》平野といい、ここに田村遺跡はある（図5）。付近一帯は南四国最大の穀倉地帯で、かつて米の二期作で知られていた。今日では早場米とともにハウス園芸が盛んである。

田村遺跡があるのは物部川右岸で、標高は六～八メートル、現在の海岸線からは三キロほど内陸になる（図6）。物部川は、今日でこそ一本の河川となって土佐湾に流れ出しているが、このように河道が定まったのは近世以降くり返された河川改修の結果で、それまでは五キロほど上流からいく筋もの流路となって香長平野を流れていた。現

図5 ●高知平野と香長平野
仁淀川下流域から物部川下流域の間に広がる平野を一般的に高知平野とよんでいるが、物部川下流域の平野については香長平野とよばれることが多い。

在、田村遺跡のすぐ東を流れている秋田川や遺跡のなかを流れる田村川はその名残である。

一方、南側には浜堤《ひんてい》によってさえぎられた潟湖《せきこ》（土佐潟）があって、いく筋もの流れはいったん潟湖に注ぎ込んでいた。田村遺跡の南には大湊《おおみなと》という地名があり、潟湖の存在をとどめている。『土佐日記』の著者として有名な平安前期の歌人紀貫之が、土佐守の任期を終え、帰路に立ち寄ったとされる「大湊」をここに求める研究者は多い。土佐潟は黒潮沿岸地域に開かれた津＝港としての役割を果たしていたことが考えられるが、田村遺跡は、その土佐潟に臨むところに立地していたのである。

本書ではみなさんと、この黒潮の海に開けた田村遺跡の地で、弥生時代のはじまりから後期にかけて営まれた集落と人びとの暮らしの変遷をみていこうと思う。それはこの地に関心のある人ばかりでなく、多くの人にダイナミックな弥生文化像を垣間見せてくれるだろう。

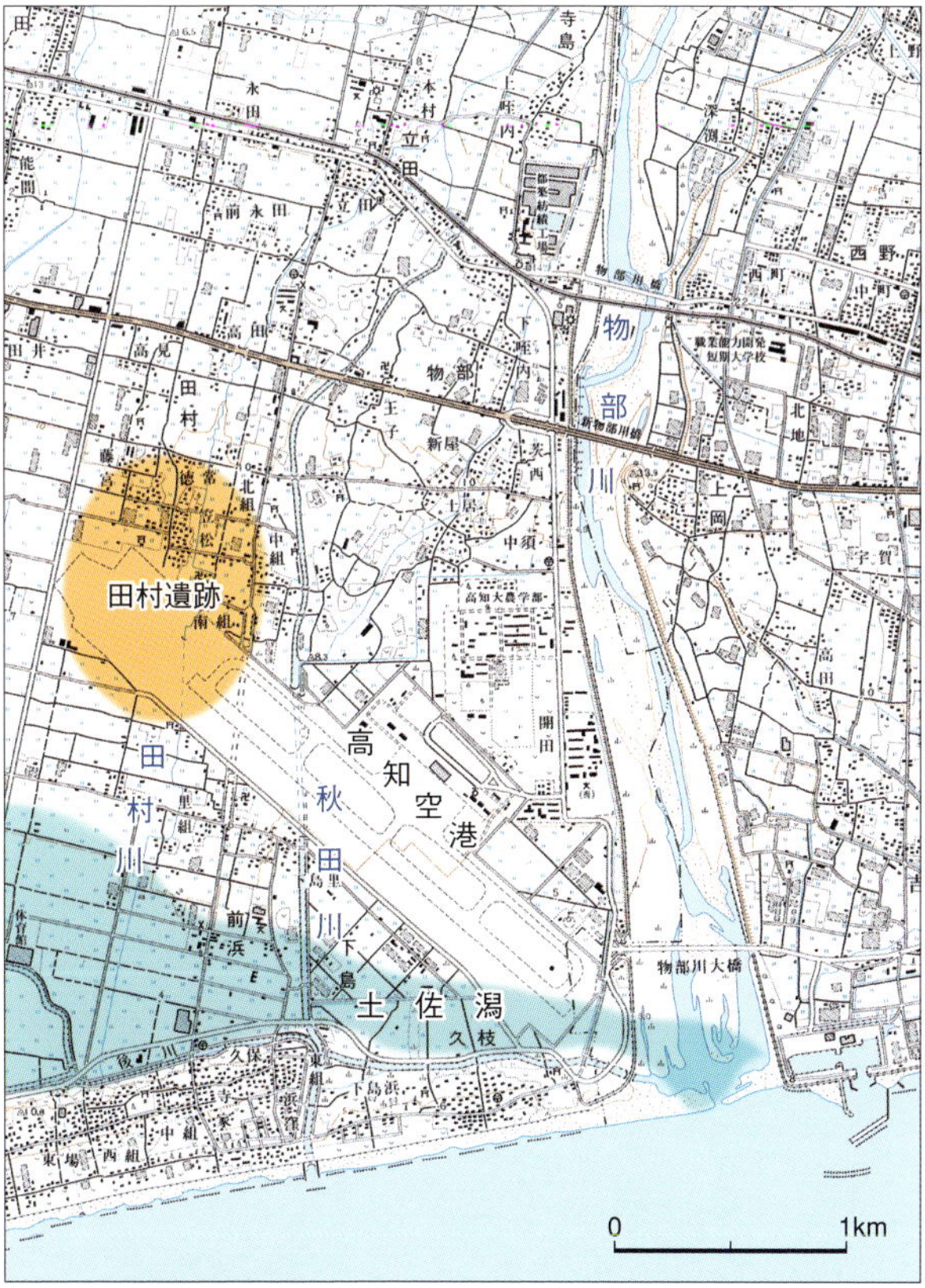

図６ ● 田村遺跡と周辺
物部川右岸には複雑にからみ合った旧流路の跡が認められる。遺跡の南には浜堤に閉ざされた土佐潟が広がっていた。

第2章　田村弥生ムラの誕生

1　朝鮮半島からの住居

列島最大の変革期・弥生時代

弥生時代は、列島の歴史のなかで最大の変革期であったといわれている。朝鮮半島から影響を受けた金属器などの新たな道具が登場し、富の蓄積、搾取と収奪、戦争、大規模開発といった、縄文時代にはまだ顕在化していなかった、階級社会への要素が形成されていった。現代社会への出発点といわれる所以である。

したがって、戦前・戦後をとおして、弥生時代の社会の探求が、具体的には土器、石器、青銅器などの遺物の研究や集落、生産、墓制の研究として膨大に蓄積されてきた。弥生時代がどのように始まったのかという、縄文時代から弥生時代への移行期の研究も、朝鮮半島に近い玄界灘沿岸地域をはじめ各地域で進められてきた。

しかし、弥生文化成立期の集落が実際にどのような姿をしていたのか、その具体像は長い間、不明のままだった。弥生文化成立期の集落として著名な福岡平野の板付《いたづけ》遺跡でも、集落をとりかこむ環濠と土坑は明らかになったものの、肝心の竪穴《たてあな》住居は発見されていなかった。ところが田村遺跡において、集落がこつ然とその姿をあらわしたのである。

縄文時代の集落を彷彿とさせる弥生文化成立期の集落

弥生文化成立期の集落は、土佐潟にほど近い南寄りに位置する「ワカサカ内」「東松木」「スエン坊」とよばれる調査区から発見された（図7）。上層には中世の屋敷群があり、その柱穴や床面などから弥生土器がしばしば出土していたので、下層に弥生時代の遺構面があるらしいことはわかっていたが、弥生文化成立期の集落が埋もれているとは想像していなかった。浅い

図7 ● 田村弥生ムラの変遷①・前期初頭
遺跡の南部にある。南北方向にのびる自然堤防の上に立地している。

ところでは中世の遺構面とほとんど変わらない深さで、深いところでも六〇センチほど掘り下げると、つぎつぎと弥生文化成立期の遺構が姿をみせはじめたのである（図8）。

集落は北東から南西方向に細長くのびる微高地上にあった（図9）。集落の範囲は、遺物・遺構の分布から推定すると、長軸二七〇メートル、短軸一一〇メートルで、面積は約二万七〇〇〇平方メートル。この空間から竪穴住居一〇棟、掘立柱《ほったてばしら》建物一六棟、土坑墓、壺棺墓《つぼかんぼ》、工房址、土坑などがみつかった。

それぞれの配置をみてみよう。竪穴住居がおおむね微高地の縁辺にL字状に配されて集落の西側外周を形成し、その内側に掘立柱建物が並んでいる。さらにその内側には土坑墓と壺棺墓が配され、集落の中心部には遺構はなく広場になっている。一方、集落の東側には大きな土器捨て場がある。また南側には集落の南限を画す

図 8 ● 前期初頭の集落遺構
南から撮影したもの。手前に円形大型住居 ST7 や方形住居の ST5 がみえる。水が溜まっている溝は中世のもの。

るように溝が走っているが、この溝からは前期初頭の遺物も多く出土しているものの、集落遺構の埋土とは異なることから集落遺構よりも新しいものと考えられる。

つまり、この集落は中央広場をかこむように竪穴住居群がレイアウトされた、縄文時代の集落を彷彿とさせるものである。発掘当時、弥生前期前半にさかのぼる竪穴住居や掘立柱建物はわずかしか知られていなかったため、田村ムラの姿は、当時の常識からすれば意外性に満ちたものであった。

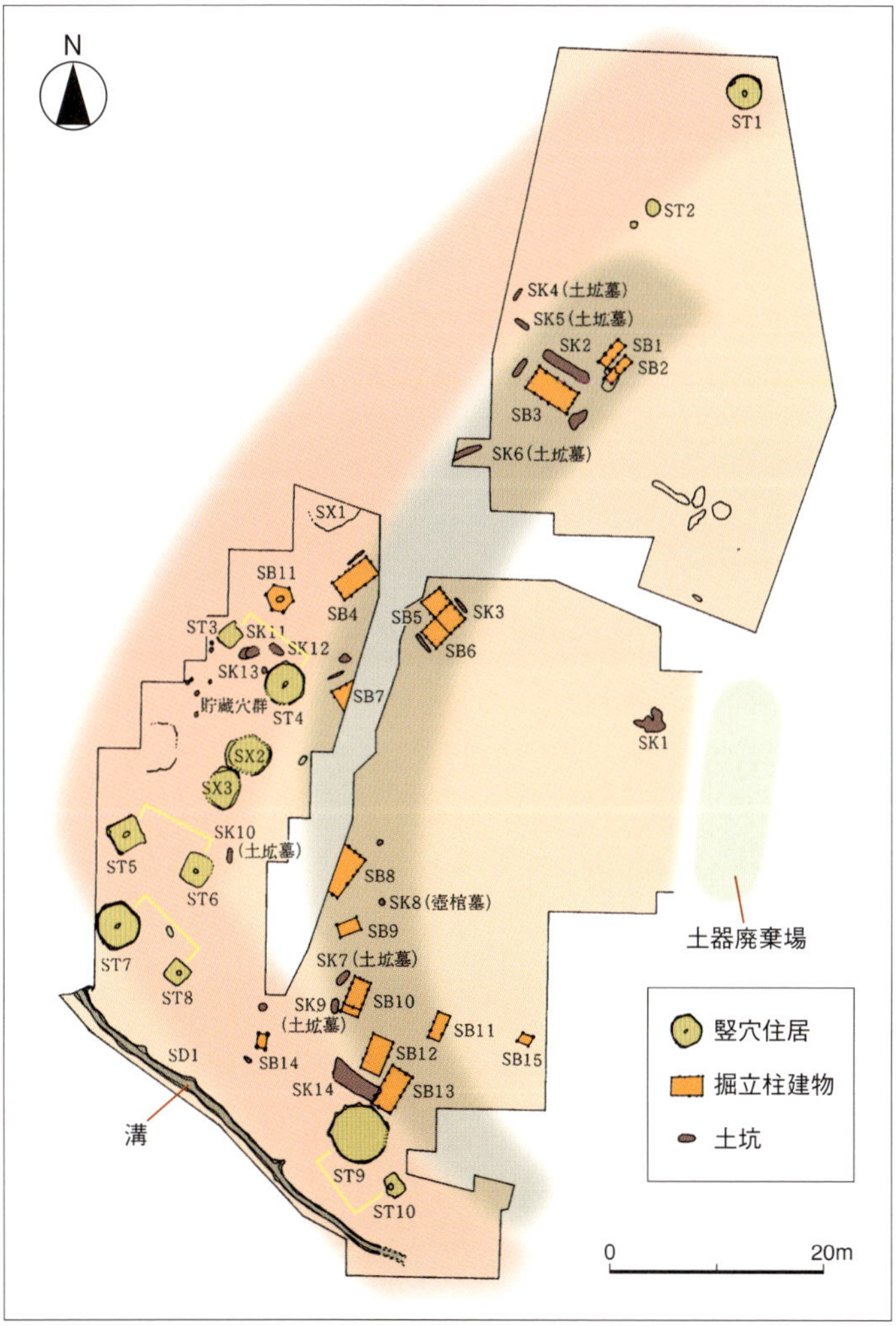

図9 ● 前期初頭の集落遺構の全体図
西側の外周に竪穴住居が並び、その内側に掘立柱建物が配置されている。さらにその内側の中央部には遺構がなく広場になっている。竪穴住居は大・小一対の関係にあることがわかる。

竪穴住居群の機能分担

つぎに各建物跡を注意深くみてみよう。竪穴住居は、円形と方形のものがそれぞれ五棟ある。そして面積が三〇平方メートル以上の大型のものと二〇平方メートル前後あるいはそれ以下の小型のものの二種類ある。なかでも南端の大型住居（ＳＴ９）は直径一〇メートル、面積七八平方メートルと超大型である。しかも大型と小型は二棟一対となって存在している。また大型住居からは多くの遺物がみられるのに対して小型住居からはほとんどみられない。

大型住居からの遺物も興味深い出土状況を示している。すなわち、ＳＴ５と名づけた大型住居からは紡錘車《ぼうすいしゃ》と土製円板《どせいえんばん》が二〇点、ＳＴ９からは同じく紡錘車と土製円板が三八点、管玉《くだたま》二点、ＳＴ７からは磨製石鏃《ませいせきぞく》の未成品や鑿状石斧《のみじょうせきふ》が九点出土している。このような遺物の偏在的傾向は、大型竪穴住居相互での役割分担を示していると考えられる。

松菊里型住居

つぎに竪穴住居のつくりに目を向けてみよう。円形の大型住居ＳＴ４（図11）は、住居の中

図 10 ● **竪穴住居跡の発掘**
大型住居 ST4 の調査風景。床面の遺構を検出しているところ。
カメラを向けると、各人道具を手にポーズをとってくれた。

図 11 ● **松菊里型の円形の大型住居（ST4）**
直径 7.2m、面積 40.7m² の大型の松菊里型住居の完掘状態。写真上方 2 カ所が近世墓に切られているが、全体の形がよくわかる。床面に掘られた主柱穴に加えて、壁際にもはみ出すように柱穴があるのが特徴。

図 12 ● **松菊里型の方形の大型住居（ST5）**
方形は数少ない。5.6m×5.3m、面積は 31.7m²。中央土坑とその両脇のピットがみえる。中央土坑からは、砥石や叩き石、サヌカイトの剥片類がたくさん出土した。また床面からは土器を転用した円板が 13 点出土している。

央部に楕円形の土坑があり、その両端に小ピットが付属している。これは朝鮮半島の無文土器時代中期にみられる竪穴住居の特徴である。朝鮮半島西南部、忠清南道扶余の松《ソン》菊里《グンニ》遺跡（図1参照）で発見されたことから、「松菊里型住居」とよばれている。

松菊里型住居は弥生前期に広く分布するようになる円形竪穴住居の祖源と考えられ、当時の朝鮮半島と日本列島の密接な関係を示している。朝鮮半島では、中央土坑床面の両端に小ピットをもつ例と、中央土坑の外側両脇にもつものの二タイプがあるが、日本で確認されているのは田村遺跡例を含めて、現状はすべて後者である（図13）。

中央の土坑内からは、朝鮮半島のものでも列島のものでも砥石や剥片などが多く出土しており、石器の工房的な機能が考えられている。田村遺跡でも同様の現象がみられる。

発掘当時、松菊里型住居は、福岡県の今川《いまがわ》遺跡など数例が知られていたにすぎなかったが、今日では福岡平野の江辻《えつじ》遺跡や岡山平野の南溝手《みなみみぞて》遺跡、和歌山の堅田《かただ》遺跡など、西日本に広く分布することが明らかとなっている。

田村遺跡の松菊里型住居は、円形と方形（図12）の二つがみられることや大型のものが多い

図 13 ● 松菊里型住居（ST4）の中央土坑と両脇のピット
床面には砥石や叩き石、サヌカイトの剥片類がたくさん出土した。土坑の周辺は固く踏みしめられている。

特徴がある。朝鮮半島では径二～三メートルの小型のものが多く、九州でも今川遺跡では径六メートルと想定されているが、江辻遺跡のものは三～五メートル未満で、床面積も二〇平方メートル以下である。また図11に典型的にみられるように、主柱穴に対応するように壁からこぶ状にピットが設けられている特徴もある。

常識破りの掘立柱建物群

今日でこそ、掘立柱建物は縄文時代にまでさかのぼることが知られるようになったが、発掘当時は、弥生時代の掘立柱建物といえば、銅鐸に描かれた一間×一間の高床倉庫をあげるのが一般的な認識であった。それが田村遺跡では、前期初頭にさかのぼって大小一六棟も発見された。

それは研究会で発表してもすんなりと信用してもらえなかった。こんなエピソードもある。一九八二年に、弥生時代研究の大家、佐原真が田村遺跡を訪

図 14 ● 掘立柱建物
SB5（左）と SB6（右）を南から写したもの。SB6 の短軸に並行して溝状土坑が設けられている。土坑内からは甕がたくさん出土した。

れ、これらの掘立柱建物を目のあたりにして、当時刊行が進められていた『弥生文化の研究』(雄山閣)の編集部に現場事務所から電話し、急遽、巻頭のグラビアにその写真を挿入させた。当時まだ無名であった田村遺跡が全国に紹介されたのである。

さて、一六棟のうち一つを除く一五棟が長方形をしていて(図14)、それらは床面積や柱穴の大きさから三つの種類に分けられる。一つは大型住居で九棟ある。梁間《はりま》二~四間、桁行《けたゆき》五~六間で、床面積は三〇~四〇平方メートル。さきにみた大型の竪穴住居の床面積と同程度であることから、平地式住居と考えている。短軸あるいは長軸に並行して溝状土坑が付属している。二つめは倉庫で三棟ある。一間×三間、面積は一〇平方メートルに満たないが、柱穴の掘り方や柱の痕跡は住居のものより一まわり大きい。高床式倉庫の可能性がある。三つめはさらに小規模のタイプである。

これらの建物は、おおむね棟方向を南西から北東にとるが、それに直交するものも二つある。軸方向や位置関係からみて、同時に存在したのではないことは明らかである。竪穴住居との位置関係からしても、最低二時期が考えられよう。

以上のように初期の集落では、竪穴住居と平地住居が共存して集落を構成していたことが明らかになった。両者が中央広場をかこむ配置は縄文集落的だが、西日本の縄文晩期の集落では両者の共存は知られていない。田村遺跡以後に調査された弥生初期集落の数はまだ少ないが、基本的には両者の共存がみられる。

2　弥生初期の土器と石器

遠賀川式土器

初期集落の遺構をみてきたが、竪穴住居や土坑、包含層からは大量の土器や石器が出土した。それらもまた、これまでの常識では予想できなかった注目すべき現象が数多くみられる。

弥生時代の前期の土器型式といえば「遠賀川式土器《おんががわしきどき》」が有名だ（図15）。北九州の遠賀川流域の立屋敷《たてやしき》遺跡で出土したことからこのようによばれ、一九三三年に小林行雄によって型式設定された。弥生文化の成立を示すもっとも普遍的な遺物であり、広範囲に分布することから、各地域の弥生文化成立の諸段階を測る共通の「物差し」としてとらえられてきた。壺《つぼ》、甕《かめ》、鉢《はち》、高杯《たかつき》があるが、もっとも多いのは甕と壺で、甕は煮沸用、壺は貯蔵用と考えられている。

遠賀川式土器がそれまでの縄文土器と明確に違う点は、その製作技法にある（図16）。縄文土器は幅の狭い粘土紐を積み上げて成形するが、その際、粘土の継ぎ目が内側に傾斜するように接合される（内傾接合）。一方、遠賀川式土器

図15 ● 田村遺跡から出土した遠賀川式土器
Ⅰc期の壺。口縁部に段があり、上胴部には2条のヘラ描沈線がめぐる。土坑から、少条沈線の甕や石鏃と一緒に出土した。

は幅広い粘土帯を分割成形の要領で成形し、接合部は外側に傾くようにつくられている（外傾接合）。これは朝鮮半島の無文土器の成形手法である。遠賀川式土器には刷毛目調整がなされることが多いが、これも無文土器の影響である。

縄文から弥生への移行期の土器発見

ところが田村遺跡では、遠賀川式土器よりもさらに古い段階の土器が発見された（図17）。その特徴は甕にもっともよくあらわれていて、口縁部に刻目のある突帯を施している。これまで高知では知られていなかった新しいタイプであることから、当時調査を指導していた岡本健児によって「東松木《ひがしまつき》式土器」と命名された。

この種の甕は、縄文晩期の深鉢の形を装ってはいるが、粘土帯による外傾接合、刷毛目調整が施されるなど、技法のうえでは弥生時代の土器といえる。一緒に出土する遠賀川式の甕には、東松木式土器との折衷的な形態を示すものも多くみられる。まさに、朝鮮半島の無文土器の影響を受けて遠賀川式土器が生成されている段階、縄文晩期土器から弥生土器への移行期としてとらえることができる。

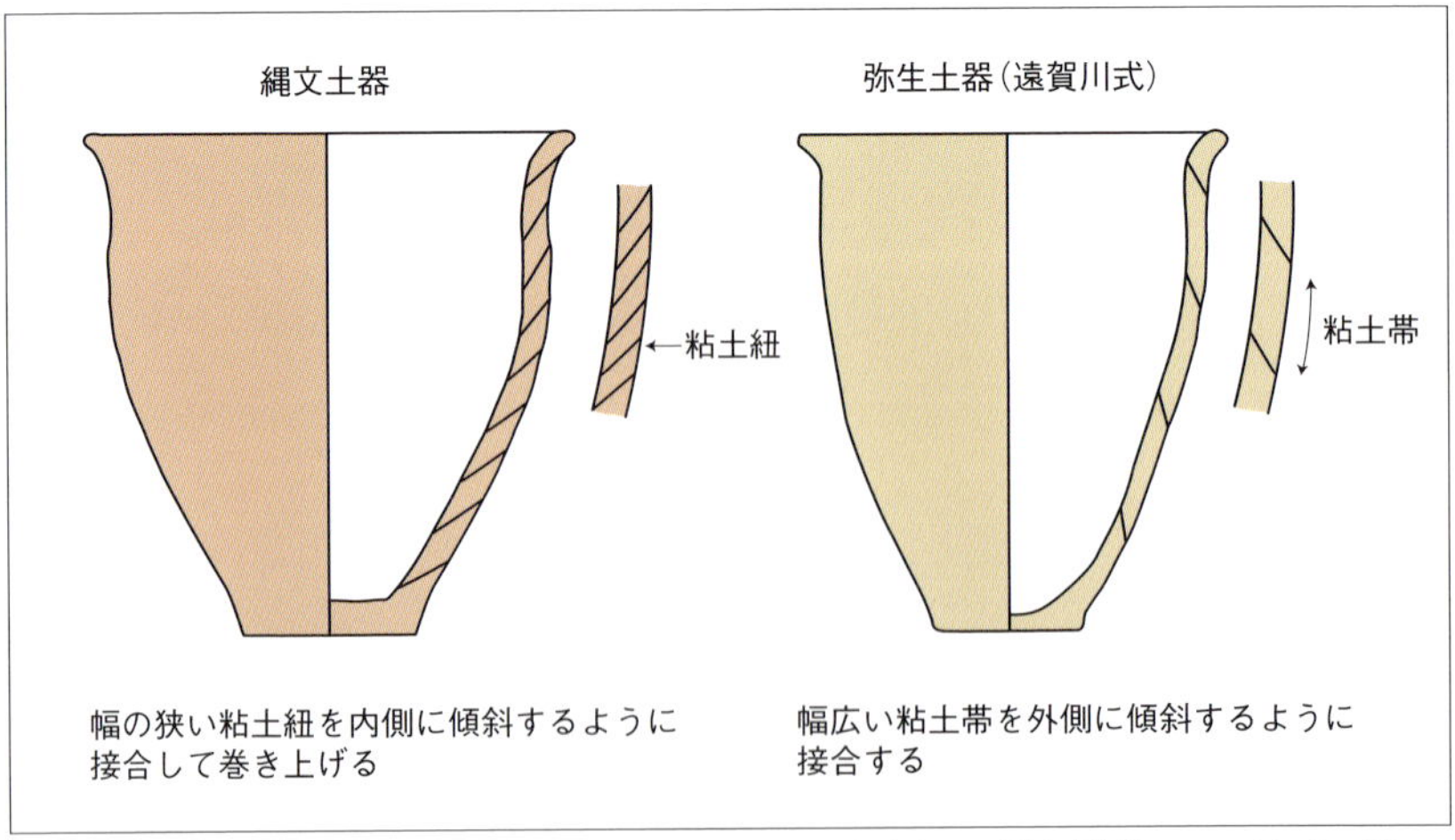
縄文土器
弥生土器（遠賀川式）
粘土紐
粘土帯
幅の狭い粘土紐を内側に傾斜するように接合して巻き上げる
幅広い粘土帯を外側に傾斜するように接合する

図16 ● 縄文土器と弥生土器（遠賀川式）のつくり方の違い

このような段階の存在はこれまで知られていなかった。甕のほかにも、壺、鉢など他器種においても、バリエーションがきわめて多いのが特徴だが、これも生成段階にあることを示している現象であろう。

いま一つ注目すべき土器がある（図18）。さきにみた図11の松菊里型住居のピット内と包含層から出土したもので、朝鮮半島の無文土器、「松菊里型土器」とよばれ

図17 ● 田村遺跡から出土した東松木式土器
口縁部に刻目突帯がめぐるなど縄文晩期の深鉢の形を装っているが、粘土帯による外傾接合、刷毛目調整といった弥生土器の手法でつくられている。

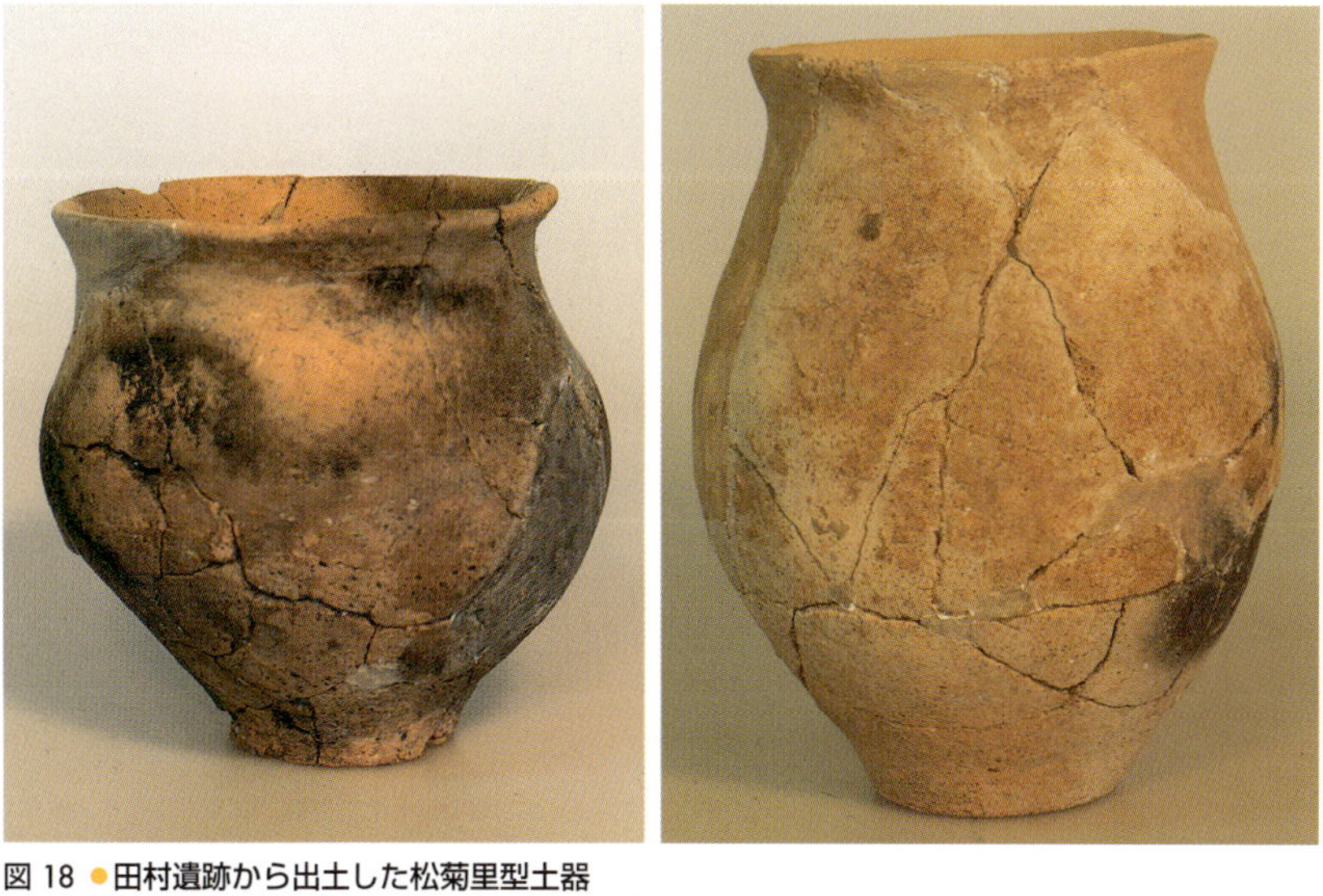

図18 ● 田村遺跡から出土した松菊里型土器
松菊里型住居（ST4・図11）の床面に掘られたピットから出土したもの（左）と、包含層から出土したもの（右）。

ている土器そのものである。材料の粘土からみて田村遺跡でつくられたものである。

戦後一貫して、最古の弥生前期土器は、縄文晩期の土器と共伴する、福岡平野の「板付Ｉ式土器」とされてきた。それが時間の経過とともに西日本各地に伝播し、弥生時代が開始されると考えられてきたのである。しかし田村遺跡では、板付Ｉ式土器が伝播してきて土器がつくられたのではなく、朝鮮半島の直接の影響を受けて東松木式土器がつくられた。

このように従来の伝播論では、遠賀川式土器の成立は語れないことが明らかとなった。田村遺跡の土器を検討したノートルダム清心女子大学の高橋護は、福岡平野など北部九州に一般的にみられる縄文晩期土器と遠賀川式土器が共存する二重構造は、「分布圏の周辺部でのみ生じる現象」ととらえ、「板付Ｉ式土器が固有の土器型式として形成された地域は、博多湾岸など混在地帯の外部に求めざるをえない」とした。

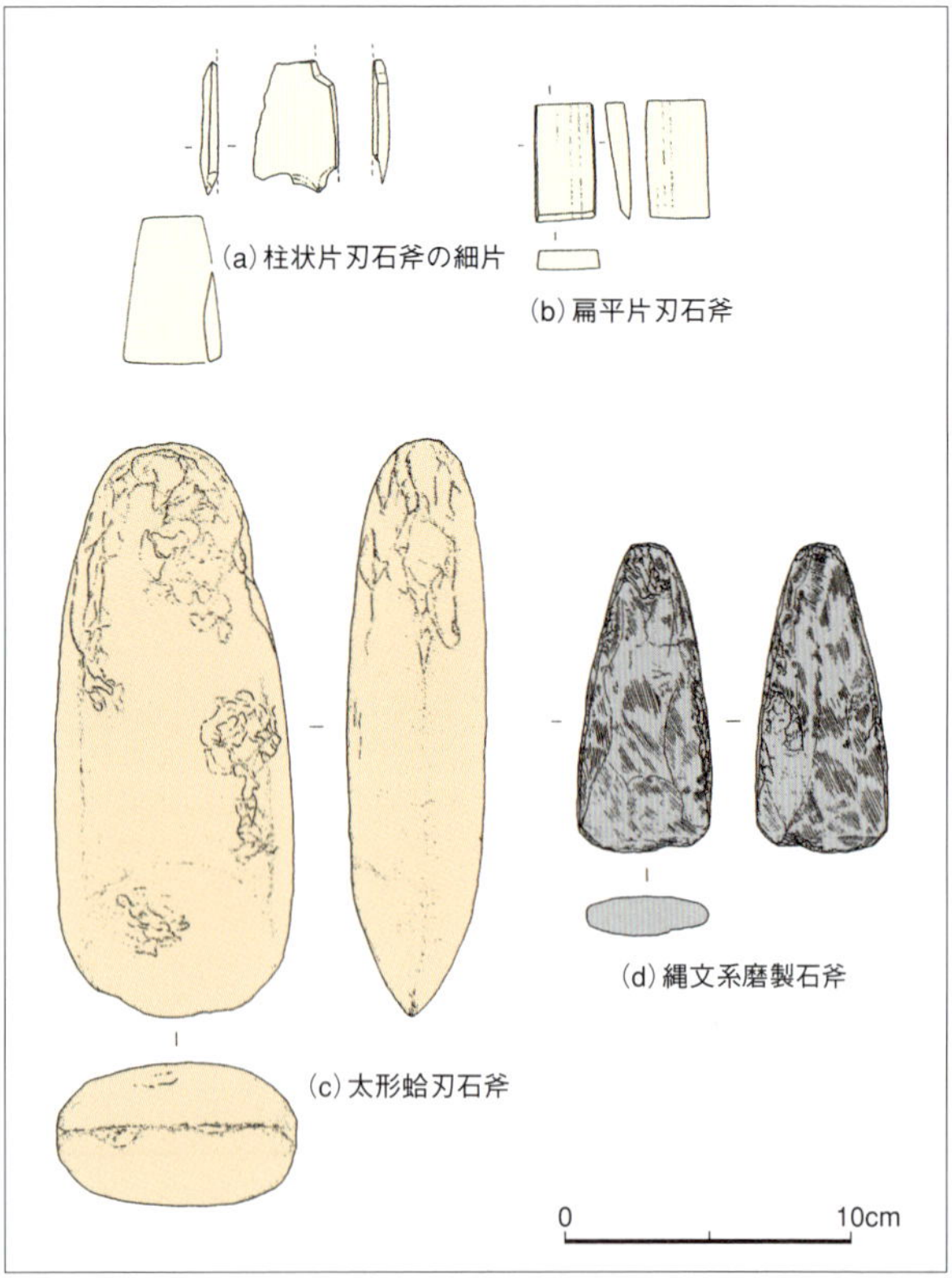

図 19 ● 田村遺跡から出土した磨製石斧
aとbは搬入品である。

このような見方は高橋の持論であったが、田村遺跡で立証されることになった。この考え方に立つ研究者はまだ少数派だが、東松木式土器が戦後の弥生文化伝播論の常識に対して投げかけた意義は大きい。

最初からセットで存在した大陸系磨製石器

田村遺跡の先進性は石器にもみることができる。

弥生時代になると、縄文時代以来の伝統的な石器に、朝鮮半島から伝わった新たな石器が加わる。伐採用の太形蛤刃石斧《ふとがたはまぐりはせきふ》、木材加工用の柱状片刃《ちゅうじょうかたは》石斧・扁平片刃《へんぺいかたは》石斧、穂積み具である磨製石庖丁《いしぼうちょう》、武器では磨製石鏃や磨製石剣《せっけん》などである。大陸系磨製石器とよばれる。田村遺跡の弥生前期初頭の集落からは、このうち磨製石剣以外のすべての石器が出土する。

包含層からは縄文系磨製石斧が、大型住居出土からは太形蛤刃石斧が出土した（図19）。図中の（d）縄文系磨製石斧は一〇〇〇グラムなのに対して、（c）太形蛤刃石斧は一三五〇グラムある。縄文時代にくらべ

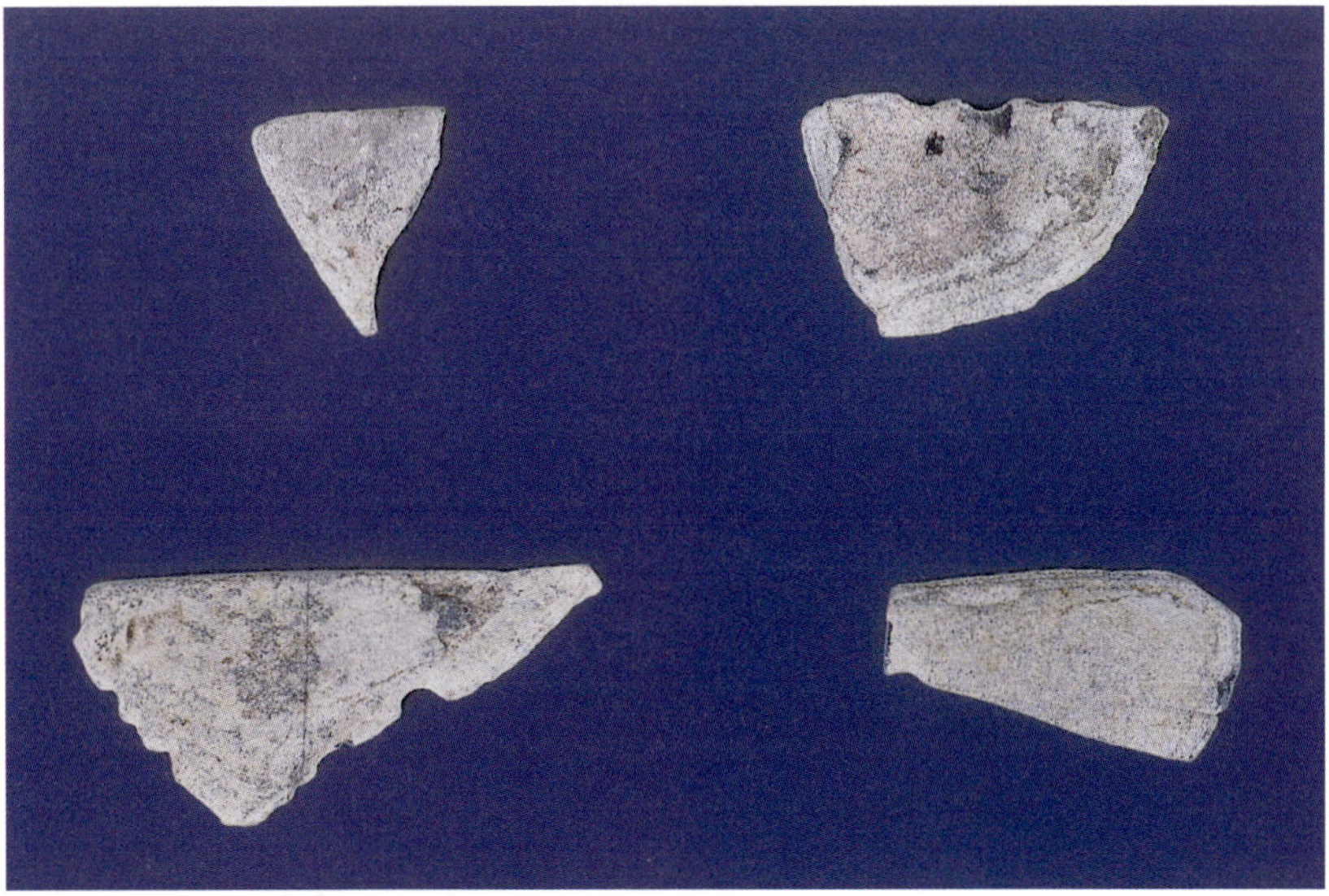

図20 ● **田村遺跡から出土した磨製石庖丁**
初期集落出土のもの。外湾刃で、薄手のつくりが特徴。
すべて搬入品。（左下：長さ10cm）

て木材の伐採量が飛躍的に増加したものと考えられる。（a）は細片だが、柱状片刃石斧の右側縁、（b）は扁平片刃石斧である。両者ともに白色泥《はくしょくでい》岩質《がんしつ》の石材で、四国で産する石材ではなく、朝鮮半島か北部九州でつくられてもち込まれたものである。

磨製石庖丁は八点出土している（図20）。すべて破片だが、全体の形状を復元することが可能だ。例外なく外湾刃という刃部が弧状に張り出す形をしている。大型だが薄いつくりで、刃は片刃と両刃がある。石材は北部九州によくみられる頁岩質砂岩《けつがんしつさがん》に似ているが、流紋岩質岩《りゅうもんがんしつがん》と鑑定されるものが多い。いずれにしてもすべて搬入品である。

磨製石鏃は半製品を含めて一六点出土している。打製石鏃よりも多い。図21は在地で製作された磨製石鏃だが、なかには扁平片刃石斧などと同じ石材でつくられた搬入品と考えられるものも認められる。朝鮮半島出土の磨製石鏃には墓の副葬品に使われる長いタイプと集落から出

図 21 ● 磨製石鏃の出土状況（長さ 5.7cm）

図 22 ● 田村遺跡から出土した碧玉製管玉
左側の 2 つは竪穴住居（ST9）から出土。右は土坑から出土した大型管玉である（タテ 1.7cm）。朝鮮半島製の可能性が指摘されている。

土する短いタイプがあり、九州では前者が多くみられるが、ここでは後者の集落タイプのみが出土している。また、磨製石鏃では、短冊形の未成品も多くみられる。このような未成品は朝鮮半島にもみられる。このように初期の段階で大陸系磨製石器のセットが完成している遺跡は、北部九州以外には見出すことができない。田村遺跡がいかに積極的に大陸系磨製石器の入手を果たしていたのかがうかがえよう。

最後に、装身具についてふれておこう（図22）。大型住居から二点、土坑から二点、合計四点の碧玉《へきぎょく》製管玉が出土している。これらのうち土坑出土の一点は径一センチ以上の大型品である。これを含めて三点について、藁科哲男が蛍光X線分析法材質鑑定したところ、C群、すなわち朝鮮半島製である可能性が高いとされている。そのうえで竪穴住居出土の一点は菜畑《なばたけ》形に属し、大型のものは紫金山《しきんざん》形をなし、このタイプが弥生時代前期最古の時期に出土した例は初めてと指摘されている。

3　クロスロードとしての田村遺跡

縄文時代の田村遺跡

ではなぜ、弥生文化成立の鍵を握るような重要な遺跡が南四国の香長平野に出現したのであろうか。それを知るためには、弥生時代以前の田村遺跡を探ってみなければならない。

田村遺跡での生活の営みは縄文時代前期にまでさかのぼる可能性があるが、前期・中期をとおして遺物はきわめて少なく、縄文後期になると遺物量が飛躍的に増加する。これは高知平野の形成が関係しているものと考えられる。安定した平野の形成とともに、本格的な集落の進出が開始されたことを物語っている。

初期弥生集落から三〇〇メートルほど北西の地点からは、一〇〇点近い鐘崎《かねざき》式土器（図23）が出土している。鐘崎式土器は九州の縄文後期前半を代表する土器型式で、最近では鹿児島など南九州から多く出土することが知られるようになった。

さらに西隣の調査区からは、縄文後期中葉の片粕《かたかす》式土器や北久根山《きたくねやま》式土器が出土している。前者は四国西南部の、後者は九州の土器型式である。いずれにしても九州系の土器が多く出土していることに驚かされる。またこれらに加えて、少量ながら近畿系や瀬戸内系の土器がみられる。同時期、高知平野西部の西分増井《にしぶんますい》遺跡からは片粕式土器とともに近畿系の土器が多く出土している。

図 23 ● 田村遺跡から出土した鐘崎式土器
南四国では、尻貝遺跡（大月町）、上ノ村遺跡（土佐市）などの海岸沿いの遺跡で発見されている。「海の道」を介した九州との交流を語っている遺物である。

瀬戸内と太平洋岸を結ぶルート

また田村遺跡の北方の四国山地を東に流れる吉野川上流域、嶺北地域に開けた河岸段丘に立地する松《まつ》ノ木《き》遺跡や銀杏《いちょう》ノ木《き》遺跡からは、わずかだが古相の遠賀川式土器が発見されている。

この地は縄文時代以来、瀬戸内と太平洋岸を結ぶ要衝である。西部、中部瀬戸内を経て四国山地を南下するルートが考えられる（図24）。

このように縄文時代の南四国は、南九州と瀬戸内の文化が邂逅するところであった。時には後期前葉の松ノ木式土器にみられるような、瀬戸内側と太平洋沿岸の両地域の土器文化をとり入れた独自の土器型式も生みだし、広域にもたらした。

高知平野は、東西・南北の文化交流の要衝として位置づけられ、土佐潟が津＝港として大きな役割を果たしていた。このような地勢的環境が、弥生文化成立期に田村遺跡が出現する背景となっていたのである。

図24 ● **東西・南北のクロスロード**
縄文時代以来、瀬戸内の文化は最短距離を南下して高知平野にもたらされた。黒潮ルートとでも呼称すべき南のルートと高知平野でクロスする。ここに田村遺跡がある。

第3章　前期の大集落

1　集中する住居と二重の環濠

初頭集落の消滅

さて、弥生前期初頭から前葉になると、第2章でみてきた初頭の集落は、数基の土坑を残して廃絶してしまう。そして集落の中心は四〇〇メートルほど北の西見当地区に移動する（図25）。標高は初頭集落の場所よりも二メートルほど高く、より安定した微高地である。

第1章でみたように西見当遺跡は、はじめて前期環濠がみつかるなど、高知県の弥生文化研究の学史を語るうえでとても重要な遺跡であり、大小六回ほどの調査がおこなわれてきたが、その全体像が明らかになったのは今回の空港二次調査においてであった。

この前期集落（図26・27）は、幅二〇メートル前後、深さ四メートルほどの自然流路によって東と西に分れる。そして西の微高地を中心に、環濠が二条、竪穴住居が一九棟、土坑が六〇

○余基、そして溝などがみつかった。集落の中央には環濠と土坑群があり、竪穴住居は環濠の外の縁辺部にある。調査区内で確認できた前期集落の広がりは約五万平方メートルだが、北や東側にも集落が広がることから、本来は一〇万平方メートルほどの規模と想定される。

ここを中心に前期集落が展開するわけだが、時期としては、初頭の集落に対して、前葉・中葉・後葉の集落と位置づけることができる（時期を測る「物差し」となる土器編年については図28参照）。

前期前葉の集落

前期前葉（Ⅰb期）の集落は、竪穴住居と、貯蔵穴と考えられる土坑、数条の溝からなり、初頭集落を構成していた掘立柱建物はみられない。居住域は集落の南縁部に位置し、流路をはさんで東と西に二カ所ある。

住居は南東部・南西部にそれぞれ二棟ずつ、計四棟ある。

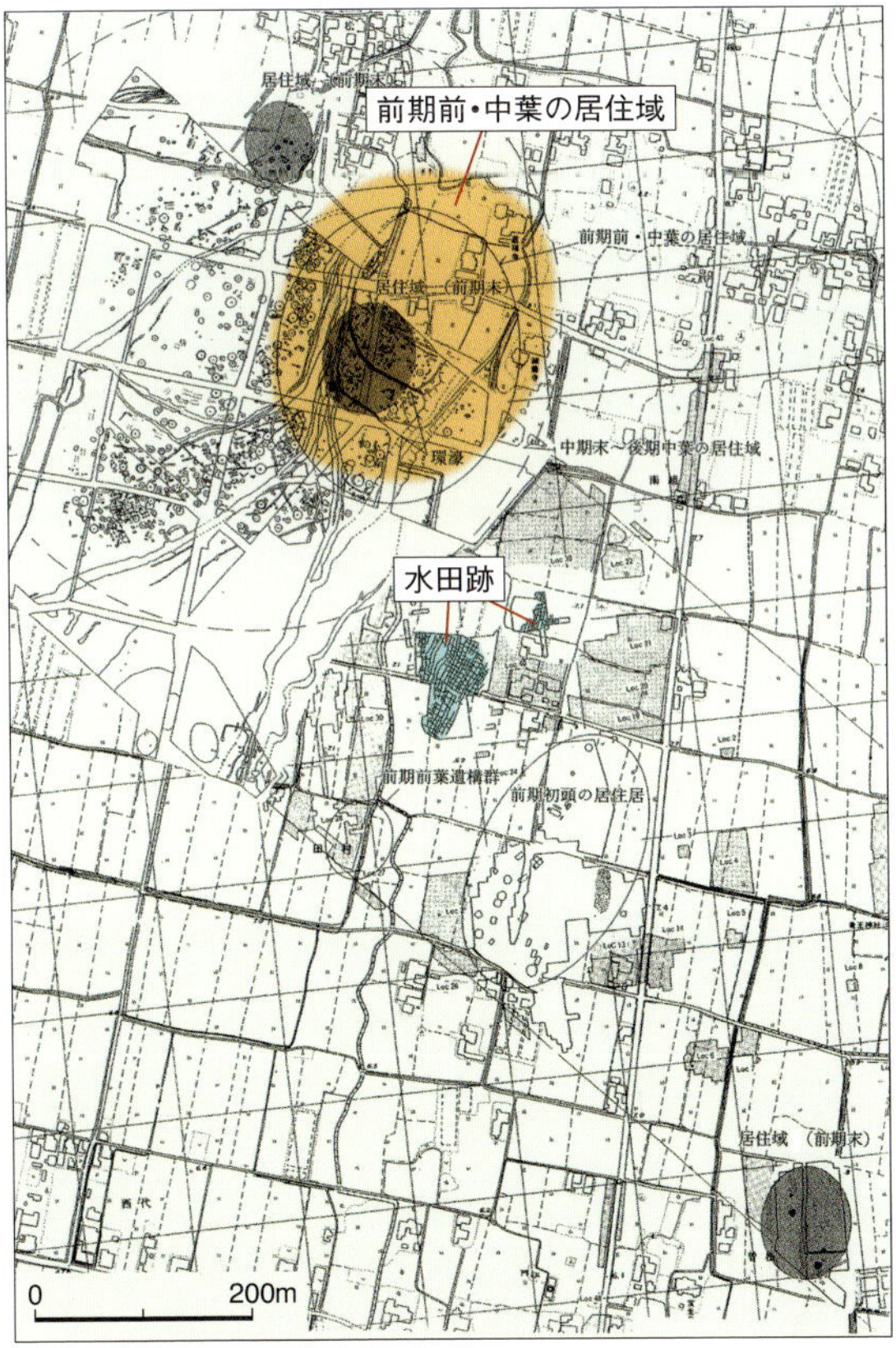

図25 ● 田村弥生ムラの変遷②・前期前葉
初頭の集落は土器1型式の間に廃棄される。北西にあるより安定性の高い扇状地に移動して、集落規模を拡大させる。

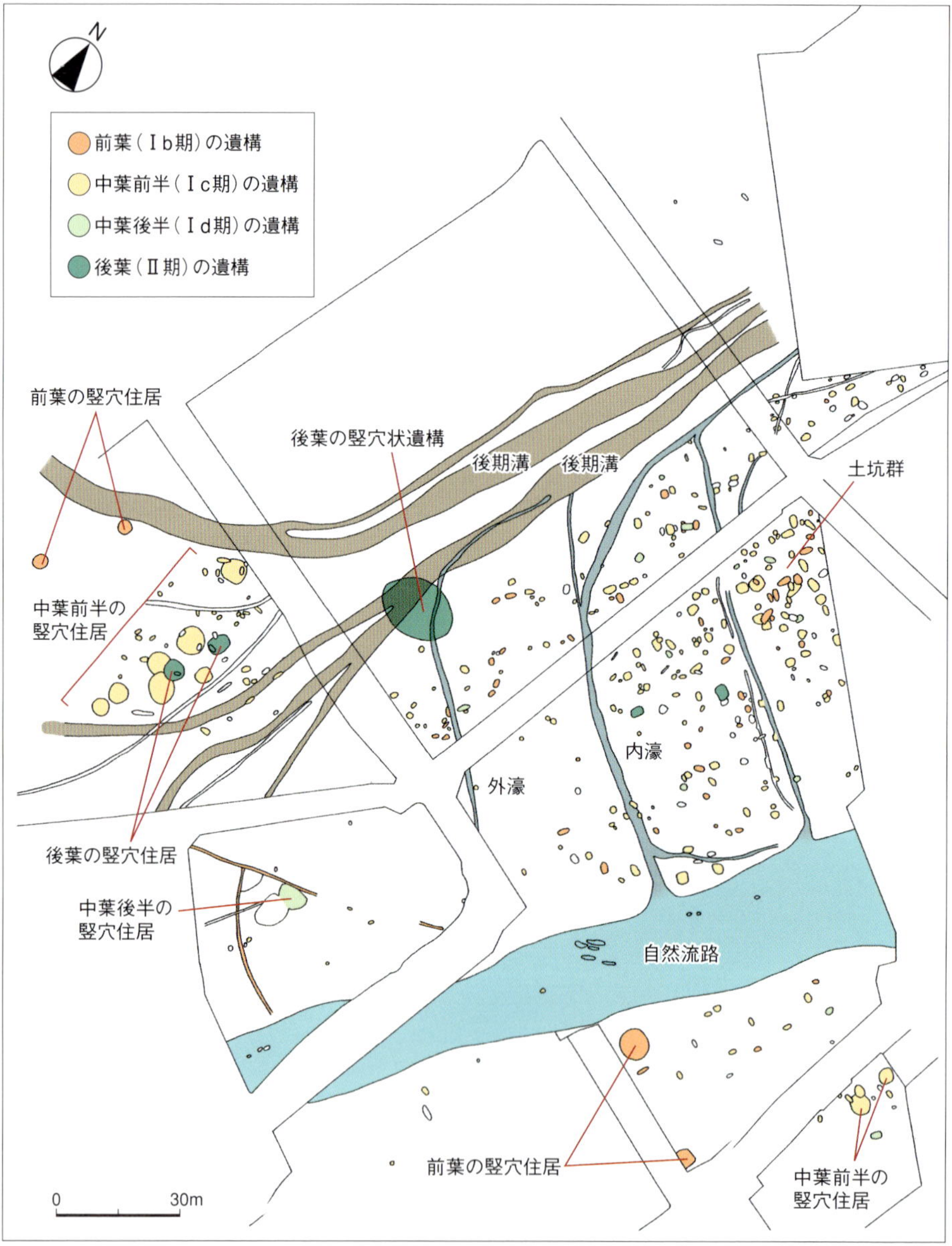

図26 ● 弥生前期の大集落
おびただしい数の土坑があり、その外側に竪穴住居が配置されている。前期中葉（Ⅰc期）に属する遺構がもっとも多い。環濠や多くの溝は、Ⅰc期の土坑を切っている。

南東部の一棟は面積が四四平方メートルの大型円形の松菊里型住居で、ほかの一棟は小型住居である。第2章でみたように、大小二棟一対の関係を保っている可能性が考えられる。

南西部の二棟は円形と楕円形の小型住居で、一棟は松菊里型住居に属する。これらの住居からの遺物は少ないが、大型の松菊里型住居からは磨製石鏃の未成品や砥石、叩き石、チャートや頁岩の剝片が数多く出土している。

土坑は集落の中央部に集中する。初期集落にはみられなかった現象である。楕円形と長方形が全体の八割を占め、大きさは長軸二～三メートル、深さは一メートルから一〇センチ前後までさまざまである（図29）。前葉のものと確定できた土坑は六〇基ほどで、竪穴住居の住人が使用したとすると、一棟あたり一七・五基となる。

図 27 ● 弥生前期の集落跡の発掘写真
左が北。前期前葉～中葉後半（Ⅰb～Ⅰd期）の土坑群と環濠の一部。東西方向に直線的に走っているのは内濠の一部。中央の黒っぽいところは自然流路の堆積土である。

〔前期初頭（Ⅰa期）〕

「東松木式土器」が相当する。甕に弥生土器化した突帯文土器がともなうことや、ほかの器種においてもバリエーションが多くみられるなど、遠賀川式土器の生成期である。田村遺跡でその存在がはじめて確認された。もっとも古い前期土器として位置づけられる。

〔前期前葉（Ⅰb期）〕

岡本健児による「西見当Ⅰ式土器」が該当する。突帯文系の甕はほとんど消滅し、遠賀川式土器として型式の確立をみた段階。上胴部に段をもった甕がもっとも多い時期で、壺の文様はまだ少ないなどの特徴をもつ。北部九州を含めて西日本各地で登場しはじめる初期の遠賀川式土器に該当する。

〔前期中葉（Ⅰc・Ⅰd期）〕

甕や壺に少条沈線が施され、壺には木葉文などの文様が多くみられる。遠賀川式土器の盛行期である。

〔前期後葉前半（Ⅱa期）〕

土器の様相が大きく様変わりする。遠賀川式土器とともに、縄文晩期土器の再来を思わせるような深鉢形の土器が登場するなど地域色がしだいに濃厚となる。

〔前期後葉後半（Ⅱb期）〕

さらに地域性を帯びた土器が多くみられるようになり、遠賀川式土器はほとんど消滅し、繁縟なまでに文様を描いた土器が多くなる。

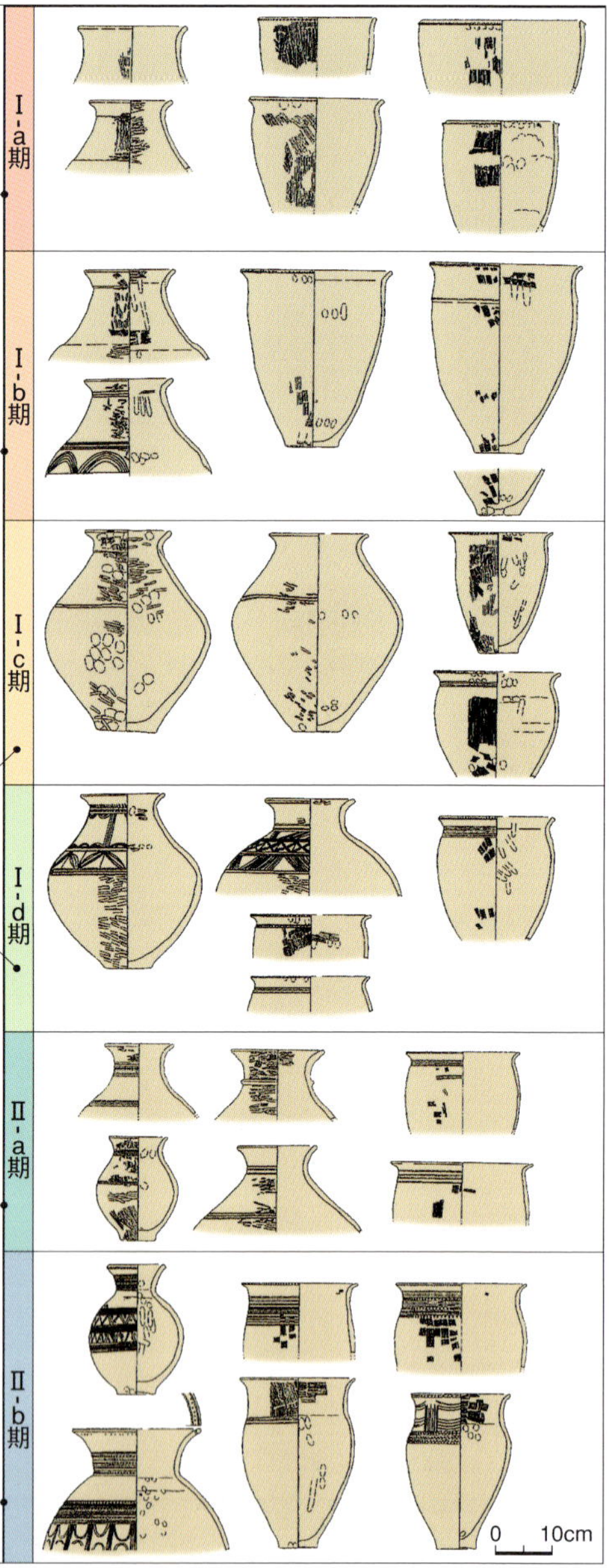

図 28 ● 南四国における弥生前期の土器編年

西日本の弥生前期土器は「遠賀川式土器」と総称されるが、形態や文様などから各地域で細かな編年がおこなわれ、これにより集落の変遷をより詳細にたどることが可能となった。

これらの土坑は、底面から大量の土器が出土するもの（図30）もあれば、埋土中にあたかも投げ込まれたような状況を呈しているものもある。前者は貯蔵穴として使われていたものと考えられ、後者は最終段階に廃棄場となったことを示している。土坑からは、シカ・ニホンザル・イノシシなどの獣骨、魚骨、鳥類の白骨化した細骨、炭化米などが出土した。

溝は集落南部で二条みつかった。その内の一条は弧状をなし、確認できた延長は四四メートル、幅一メートル前後である。そのうち土器をいくつかのブロックに分けて廃棄していた。復元

図29 ● 前期の貯蔵穴の発掘
大人二人がすっぽりと入って作業ができる大きさ。

図30 ● 前期前葉（Ⅰb期）の貯蔵穴
田村遺跡ではこのような長方形状のものが多い。床面から甕が押しつぶされたような状態で出土した。

すると完形品になるものやそれに近いものが多く、捨てたというよりは据え置き並べたようだ。排水用の溝とは考えられない。何らかの「儀式」がおこなわれたのかもしれない。

最盛期を迎えた前期中葉の集落

その後、中葉前半（Ｉｃ期）になると、遺構の数が飛躍的に増加する（図26参照）。竪穴住居は前葉の位置を踏襲し、西南部に集中する。九棟の竪穴住居が確認されており、うち二棟が大型で、うち一棟が松菊里型に属する。ほかはすべて小型住居である。住居数は増加するが、松菊里型住居は減少傾向にある。

西南部の住居からは、大型住居を中心にチャートの石錐《せきすい》や叩き石、剥片が多く出土する傾向がある。松菊里型の大型住居の床面や中央ピットなどからチャート石錐一九六点、砥石三点、叩き石一〇点などが出土している。東南部の住居ではみられない現象であり、地点を違えて石器生産がおこなわれていた可能性がある。

この時期の土坑は一七〇基前後ある。やはり中央部に集中し、形態や土器の出土状況に変化はみられないことから、前葉同様に多くが貯蔵穴として機能していたと考えられる。竪穴住居との比率は一八・九となり前葉に近い。

以上のように、中葉前半は遺構・遺物ともにもっとも多い時期であり、前期集落の最盛期であった。それが中葉後半（Ｉｄ期）に入ると事情は一変する。確認できた竪穴住居は一棟、土坑は二八基しかない（図31）。集落規模は急速に縮小傾向をたどるのである。ところが、田村遺跡に環濠が登場してくるのはまさにこの時期なのである。

二重環濠の出現

前期集落が衰退期に入ったころ、西側微高地に二条の環濠と数条の溝が掘削される。二条の環濠は内濠《ないごう》と外濠《がいごう》としてとらえることができよう。この内濠は一九七六年に岡本健児の調査によって発見され、前期環濠集落として西見当遺跡が全国的に知られるきっかけとなったものである。その後、空港一次調査によって北端部と南側のごく一部の調査が実施された。その結果、前葉に掘削され中葉にまで機能し、その後埋没したと考えられていたが、環濠の形状や規模、集落との関係などについては推測の域を出るものではなかった。二次調査によってほぼ全体像がつかめるようになった（図26参照）。

内濠は南北に流れる自然流路の西岸に開口部があり、そこから西方に六〇メートルほど直線的に伸びてから北にカーブし弧を描く。総延長二二三メートル、推定一・八万平方メートルをかこむ。後世にかなり削平されていると思

図31 ●前期中葉後半（Ⅰd期）の貯蔵穴
床面から壺や甕が出土しており、良好な一括資料であることを示している。

われるが、発掘した面での幅は一・七〜二・三メートル、深さは一メートルである。断面の形はおおむねU字である。

遺物は底面から上層まで認められるが、中層からもっとも多く出土している（図32）。大量の土器や石器があったが、これらは中葉に属することから、過去の調査結果と同様に、中葉にはほとんど埋没していたとしなければならない。しかし掘削時期については、中葉前半（Ⅰc期）の土坑三基を切っていることから、内濠はこの集落が営まれはじめた前期前葉にはまだ存在せず、中葉、それも後半に至って掘削され短期間のうちに埋まってしまったことになる。

外濠も新たに発見された（図26参照）。内濠の南に三〇メートルの間隔を保って並行しているが、西部は後期の溝などによって切られており、北方向への延長については追跡することができない。確認できた延長は九三メートル、幅一・一メート

図32 ● 前期環濠（内濠）の土器出土状況
底ではなく、中層から大量の土器や石器が出土している。中葉後半に掘削され、短期間のうちに埋まったと考えられる。

ル、深さ一・一メートル、断面はV字を呈している（図33）。

急角度で立ち上がるにもかかわらず壁面はまったく崩れた様子はない。内濠以上に短期間で埋まったものと考えられる。外濠の遺物は少ないが、南東部の上層から完形品やそれに近い状態で壺一〇点、磨製石鏃などとともに管状土錘《どすい》三六点が集中して出土した。外濠がほとんど埋まった段階で意図的に置き去られた可能性が高い。なお、この二条の環濠埋土の自然科学的分析によれば、滞水状況は認められていない。

環濠は何のために掘られたのか

弥生集落の特徴として第一にあげられるのは環濠集落であろう。これも起源は朝鮮半島に求めることができるが、環濠の機能については、集落の防御、排水、記念物などさまざまな解釈がされてきた。前期環濠の場合は、竪穴住居など居住域をかこむものは意外と少ないのが実態である。田村遺跡もその一つである。そして環濠の存続期間は意外に短い。福岡県の今川遺跡の環濠も竪穴住居を切っており、和歌山県の堅田遺跡の環濠も後半期に掘削されている。このことは何を意味するのであろうか。前期環濠の意味があらためて問われなければならない。

図33 ●前期環濠（外濠）の断面
底には足を置くほどの平場もない。掘削後短期間のうちに埋まったものと考えられる。

2　大陸系磨製石器の在地生産

つぎに出土遺物、とくに石器をみていこう。

第2章で述べたように、初頭の段階ですでにほとんどの大陸系磨製石器がみられるが、前葉になると磨製石鎌と磨製石剣も加わり、大陸系磨製石器がすべて出そろう（図34）。そして搬入品と共存しつつ、しだいに地元でつくられたものに置き換わっていく（ただし、扁平片刃石斧や柱状片刃石斧、磨製石剣は搬入品が多いのままである）。そして中葉前半になると、すべての大陸系磨製石器が在地生産に置き換わる。

石庖丁　在地化がもっとも顕著にあらわれるのが石庖丁である（図35）。石庖丁は物部川流域の頁岩を使って在地生産が開始されるが、初期の特徴であった薄手、大振り、両刃を前葉になっても固守している。それが中葉前半になると、半月形や小判形の直線刃片刃《ちょくせんじんかたば》が登場し、以後の南四国に多くみられる石庖丁の出発点となる。

磨製石鎌　磨製石鎌は、田村遺跡では前葉に登場する。搬入品と在地品があり、中葉からは三二点出土し、盛行期を迎える。それ以降はまったくみられなくなり、前期前・中葉にかぎって使用された（図37）。形は、搬入品である扁平なものから肉厚で大振りのものへと変化する。そしてこれらの石材は、物部川など周辺部に求められるものもあるが、柱状片刃石斧のように吉野川産の結晶片岩が使われる場合もある。

石器の使用痕研究にとり組んでいる小野由香は、石鎌四点について金属顕微鏡による使用分

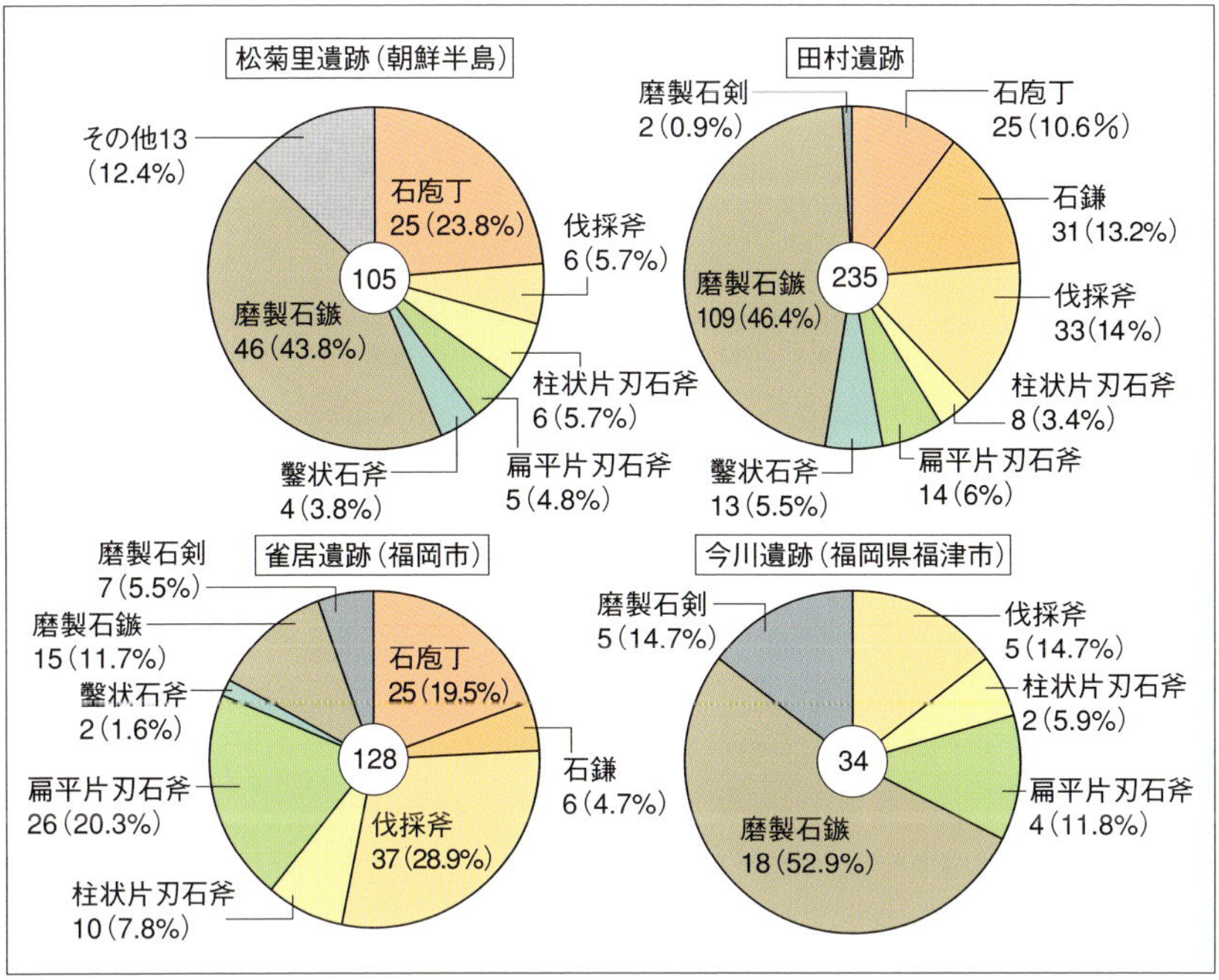

図34 ● 石器の組成

弥生前期や縄文晩期の集落遺跡と朝鮮半島のほぼ同時期の集落遺跡出土の石器の組成を比較したもの。磨製石鎌や磨製石鏃は田村遺跡が群を抜いて多いことがわかる。田村遺跡の磨製石鏃の比率は朝鮮半島に近い。

図35 ● 石庖丁

上：前期前葉（Ⅰb期）
下：前期中葉前半（Ⅰc期）
前期前葉（Ⅰb期）は、形態としては前期初頭（Ⅰa期）と同じ外湾刃だが、石材は在地の粘板岩にかわっている。前期中葉前半（Ⅰc期）になると、前期末・中期をとおして主流となる直線片刃が登場する。（下：長さ13cm）

析をおこない、刃部および刃部稜線付近からイネ科植物による使用光沢面を確認している。石庖丁とともに収穫具として使われていたことがわかる。

磨製石鎌は前期末に綾羅木郷遺跡など関門地域で集中的に出土することが知られている。つまり、田村遺跡での三二点もの出土は、関門地域に先行して田村遺跡で盛行していたことを示

図 36 ● **柱状片刃石斧**（右）**と扁平片刃石斧**（左）
両方とも搬入品で、前期前葉（Ⅰb 期）に属する。（右：長さ 19.7㎝）

図 37 ● **磨製石鎌**
上と中の 2 点は前期前葉（Ⅰb 期）、下は前期中葉（Ⅰc 期）。上は搬入品。搬入品である扁平なものから肉厚で大振りのものへと変化する。（中：長さ 16.5㎝）

している。綾羅木郷遺跡では石庖丁がほとんどないのに対して、田村遺跡では両者が共存している。はじめ両者を使用した農耕がおこなわれていて、やがて石庖丁に集約されていくのである。

磨製石鏃　磨製石鏃は初頭に登場し、前・中葉を通してみられ、じつに一〇九点にものぼり、同時期の打製石鏃をはるかに凌駕している。鋒近くに最大幅をもつ圭頭形の独特のタイプが多い（図38）。すべて短身の実用鏃であり、副葬用の長身タイプはみられない。

この時期、朝鮮半島では石鏃はすべて磨製が使われているが、日本列島では福岡平野を含めて縄文以来の打製石鏃が圧倒的に多く、わずかに今川遺跡で磨製石鏃が多くみられるのみである。田村遺跡における磨製石鏃の盛行は、朝鮮半島との密接な関係を示している。

図38 ● 磨製石鏃
田村遺跡ではすべて実用鏃が出土している。先端部がもっとも幅広なタイプが多いのが田村遺跡出土のものの特徴である。これらは前期末（Ⅱ期）にはいっせいにみられなくなる。（右端：長さ8cm）

3　小さな水田と狩猟・漁撈

二九三筆の小区画水田と足跡

初頭の集落と前・中葉集落の間の低地部から、南北二カ所で小区画の水田が発見された。初頭の集落から北にのびる微高地があり、そこから西方を流れる流路までの間に形成された低地部で、水田は黒褐色の粘性土の上に広がっている。

南側の桑ノ本、船戸田地区では、五八一〇平方メートルから二四四筆の小区画水田がみつかった（図39）。北東方向から南西方向に緩傾斜する地形に沿うように幹線畦が並行して長くのび、それに直行するように東西方向の畦がつくられている。水田の一辺は二〜五メートルと小規模である。

水路などの灌漑施設は確認できなかった。上流側に設けられた堰から水を流し、畦越しに各水田に水を溜めたものであろうか。天水田の可能性もあろう。水田の北端から南端までの距離は九〇メートル、その比高差は一メートルである。斜面を小区画することによって平均的に水を溜めることができるのである。

また一〇〇メートル北の寺ノ前地区からも同様な小区画水田が四九筆（一一二四平方メートル）発見されている。あわせて二九三筆、六九三四平方メートルである。

水田の営まれた時期を確定するのは難しいが、前・中葉に属し、西見当地区の集落に関係するものと考えられる。

この水田からは足跡が一〇〇例ほどみつかった（図39上）。全体に土踏まずがよく発達している。残存状況の良いものの一つは足跡の長さ二二・五センチ、幅八・八センチ、高知県警本部の鑑識課に身長などの調査を依頼したところ、成人男子であれば身長一五〇〜一五五・二センチとのことである。この水田の一部は切り取られ高知県立歴史民俗資料館に展示されている。

図 39 ● 水田跡と足跡
水田の一辺は 2 ～ 5m と小規模で、畦越しに各水田に水を
溜めたものであろうか。写真上は水田に残された足跡。

狩猟、漁撈もおこなっていた

田村遺跡は扇状地という立地環境から自然遺物は腐食してほとんど残っていなかったが、前・中葉の土坑の埋土中から、哺乳類や鳥類の骨細片が出土している。当時の人びとが食したものと考えられる。

前葉の土坑のひとつからは石鎌、磨製石鏃、大量の土器とともに、イノシシの下顎骨《かがくこつ》、ニホンザルの橈骨《とうこつ》、サメの歯が出土している。このほかノウサギ、ガン、カモ、ニホンジカなどの骨があった。いずれも火を受けて白色化した細片である。食料に供せられた後廃棄されたものであろう。

外濠の南端部分の上層からは、完形品に近い小型壺数点とともに漁網の錘である管状土錘三六点がまとまって出土した（図40）。なかば以上埋もれた濠に、網とともに投げ込まれたような状況を呈している。ほとんど完全な形をしており、長さ五センチ前後、直径三センチ、五〇〜六〇グラムのものが多い。管状土錘は、弥生時代になって登場するものであるが、このように多量に出土した例はない。前期の集落では、稲作とともに狩猟、漁撈もさかんにおこなわれていたのであろう。

図40 ● 土錘の出土状況
前期環濠の中層から壺や甕とともに、36点の管状の漁網土錘が出土した。

4　常識を覆す弥生文化伝播の道すじ

四万十川下流域の入田遺跡

以上のように田村遺跡の弥生文化は、初期の段階から充実した内容をもっていることが明らかになった。では、南四国のほかの地域ではどのように弥生文化が成立し発展していったのだろうか。ここでは代表的な二つの遺跡をあげて比較してみたい（図41）。

一つは、高知県西南部を流れる四万十川下流域の右岸に立地する入田《にゅうた》遺跡である。一九五一年に日本考古学協会と高知県教育委員会によって調査された学史上著名な遺跡である。

ここからは縄文晩期終末の刻目突帯文土器（入田B式土器）に、弥生前期土器（入田Ⅰ式土器）がともなって出土している。弥生前期土器が、縄文晩期土器にともなって出土することから、南四国で最古の弥生土器として位置づけられた。それ以後長きにわたって、南四国の弥生文化は、九州に近いという地理的な感覚もあって、西南部に成立し、その後東方に伝播して高知平野に弥生文化をもたらしたと理解されてきたのである。

しかし、入田Ⅰ式土器は、今日の知見をもってすれば、田村遺跡では前期前葉（Ⅰｂ期）に属するものである。すでに型式として完成した遠賀川式土器が、晩期土器のなかに伝播していった状況を示している。すなわち、従来の考え方とは逆に田村遺跡のある香長平野から西南部に伝播したものと考えなければならない。入田遺跡を含めてこの地域からは、前期に属する大陸系磨製石器は皆無であることも、このことを示している。

高知平野西部の居徳遺跡

もう一つは、仁淀川右岸の土佐市高岡にあり、田村遺跡の西方二〇キロに位置する居徳《いとく》遺跡である。縄文晩期から弥生前期にかけての大量の土器とともに有機質の遺物も多く出土している。とくに殺傷痕のある人骨や漆製品、鍬などの出土が注目を集めている。

ここでも入田遺跡と同じように、縄文晩期終末の刻目突帯文土器に遠賀川式土器が共存している。大陸系磨製石器も出土しているが、その量はわずかで、石庖丁や石鎌はみられない。

このほかにも高知平野西部には前期の遺跡がみられるが、多くの場合、居徳遺跡や入田遺跡のような縄文晩期土器と遠賀川式土器との二重構造である（図42）。すなわち田村遺跡の前期初頭の段階を欠いている。田村遺跡のⅠa期の段階、周辺地域は縄文晩期の刻目突帯文土器単純期であったことになる。

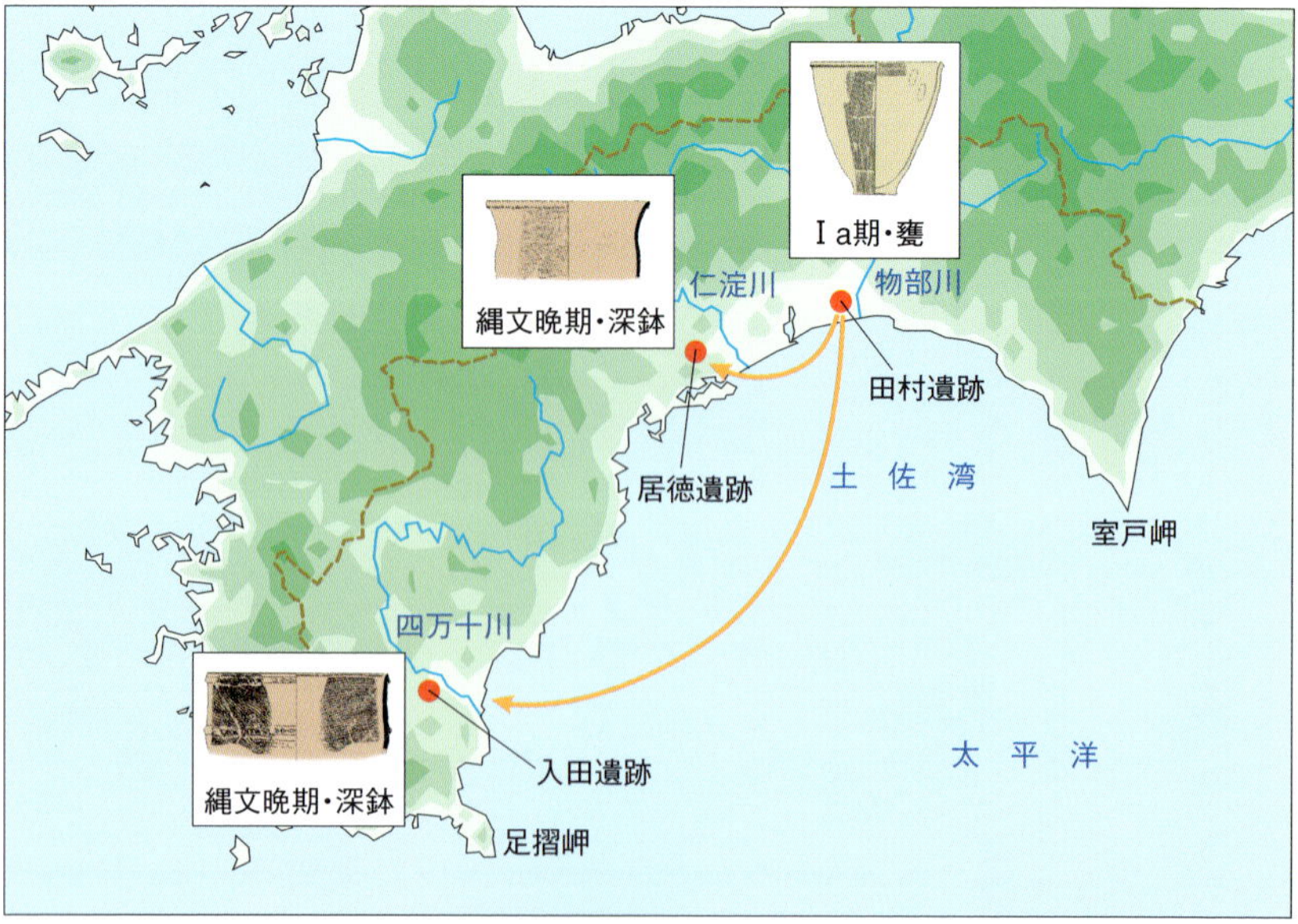

図 41 ● 入田遺跡と居徳遺跡
高知平野における弥生文化の成立は、入田遺跡など西部からの伝播によると考えられていた。しかし、田村遺跡の調査結果によって、高知平野から西や東に伝わっていることが明らかになった。

田村遺跡タイプと居徳遺跡タイプ

弥生文化成立期の遺跡には、田村遺跡のように過渡的な様相をもちながらも弥生土器のみで構成される遺跡と、居徳遺跡や入田遺跡のように遠賀川式土器と縄文晩期土器との二重構造を示す遺跡の二つのタイプのあることが明らかとなった。かつては、縄文晩期土器をともなうことから後者が前者に先行すると考えられていた。しかし前者は遠賀川式土器の生成期を示すものであり、後者はすでに成立していた遠賀川式土器が晩期土器のなかに伝播して広がっていく過程を示している。前者から後者への変遷は明らかである。前者を田村タイプ、後者を居徳タイプと呼称することができよう。両者は南四国でみられるだけでなく九州を含めて列島各地でみられる現象である。

従来の伝播論では語れない田村遺跡

弥生文化は、縄文時代晩期に朝鮮半島の無文土器文化、とくに当時の中国文化の流れをくむ松菊里型文化の強い影響を受けて成立した、列島独自の文化としてとらえられる。そしてそれは朝鮮半島に近い福岡平野など玄界灘沿岸地域で成立し、そこから時間差をもって西日本各地へ伝播したものと考えられてきた。しかし、田村遺跡で得られた新知見の数々は、そのような一元論的な伝播論だけでは弥生文化の成立は語れなくなったことを示している。

田村遺跡は、過渡期の土器を含みながらも最初から純粋な弥生土器として展開している。土器型式の成立を土器生産レベルの個別の問題としてではなく、総合的な文化現象としてとらえ

(a) 縄文晩期の壺

(b) 縄文晩期の深鉢

(c) 遠賀川式土器の壺

(d) 遠賀川式土器の甕

(e) 北陸系土器の鉢

(f) 大洞式土器片

図 42 ● 居徳遺跡出土の土器にあらわれた二重構造
居徳遺跡や入田遺跡では、弥生前期の遠賀川式土器と縄文晩期末の土器が一緒に出土する。田村遺跡では、そうした現象はみられない。居徳遺跡では、北陸系の土器（e）や大洞式土器（f）などが多く出土することも特徴である。

る立場に立てば、田村遺跡は松菊里型文化との接触のなかで、弥生文化を生成した遺跡の一つとして、そしてその過程をたどることのできる遺跡として位置づけられるのである。弥生文化の成立をめぐっては、いま大きな議論を呼んでおり、新たな歴史像が求められているように思われる。そのなかで、田村遺跡の存在は今後ますます大きくなっていくであろう。

5　南四国独自の文化へ

集村から散村へ

さて、西見当地区を中心に展開していた前期集落は、前期中葉（Ⅰc期）をピークに、しだいに遺構・遺物の量が少なくなり、前期後葉（Ⅱ期）を迎えると集落の様相は大きく様変わりする。竪穴住居や貯蔵穴などが集中的に配置されていた集落が解体し、小規模で比較的等質的な居住域が分散して集落を構成するようになる（図43）。集住性の強かった集落から散村へと、まるで細胞分裂したような状況を呈し、三つの居住域に分散する。さきにみた「環濠」の掘削はこのような集落構造の変質にともなう儀式的な行為であった可能性も考えられよう。

居住域1は前・中葉の集落と重なるところに二棟の竪穴住居と三〇基前後の土坑、そして直径八メートルの大型竪穴状遺構をともなって構成されている。居住域2は南に八〇〇メートルの地点にあって、二棟一組の竪穴住居が二組、土坑三〇基などからなっている。そして北二〇〇メートルには竪穴住居一棟と数基の土坑からなる居住域3が形成される。

このほかにも居住域が存在した可能性がある。これら居住域は、相互に有機的な関連をもって前期後葉の集落（田村ムラ）を構成していたと考えられる。居住域1の大型竪穴状遺構からは、おびただしい量の前期後葉・中期初頭の土器が集中出土している（図44）が、居住域1の二棟の竪穴住居の消費土器ではなかろう。集落の行事・儀礼に供し廃棄されたと考えられる。

図 43 ● 田村弥生ムラの変遷③・前期後葉
集住性を保っていた大規模集落が解体し、3地点に分散して小規模な集落が営まれるようになる。

伝統への回帰

一般的に前期末は弥生文化の発展期として位置づけられている。集落が拡大するとともに遺跡数も飛躍的に増加することが知られている。しかし、高知平野では遺跡数は増加するものの集落の規模はけっして大きくはならない。等質的な小規模集落が散在するばかりだ。このような傾向は中期中頃までみられるが、なぜこうした状況が生じたのであろうか。

高橋護や山田康弘は、中国地方の縄文集落について、一～三棟程度の竪穴住居の集まりが最小単位となって共同体を形成する散村形態を呈したとしている（四国の縄文集落についてはよくわかっていない）。つまり、田村遺跡の弥生前期末に誕生した集落は、縄文時代的な集落構造と共通しているのである。

それは弥生文化成立期にみられたある種の緊張関係から解放されて、伝統的な集落構造に回帰したことを意味するのではないだろうか。外来先進文化との接触というカルチャーショックから脱し、伝統的に形成されていた固有の歴史性のなかに弥生文化が根づいたことを示しているのではないか。このことは土器や石器のあり方にも顕著にあらわれている。

南四国タイプの登場

集落の変化に対応するように、前期末になると、土器にも大きな変化が生じる。強い斉一性を保って、西日本全体に分布していた遠賀川式土器にかわって、地

図44●大型竪穴状遺構の土器集中
直径10mほどの落ち込みからおびただしい量の土器が出土した。集落の行事・儀礼に供し廃棄されたものと考えられる。

域色の強い土器が登場するようになる。このような動きは、瀬戸内や近畿など広域に認められる現象だが、高知ではとくに顕著にあらわれている。

このような動向をもっとも体現しているのが南四国型甕である（図45）。南四国型甕の特徴は、形態と装飾性にある。縄文晩期の深鉢を踏襲しており、遠賀川式土器とは系譜をまったく異にするものである。そして微隆起帯や浮文、沈線などを駆使して繁縟《はんじょく》なまでに飾り立てている。以後、中期から後期前半に南四国に広く分布する。壺も、多条沈線や独特の扁平な刻目突帯文に加えて、口縁部外面に粘土帯を貼付した南四国独自の手法がみられるようになる。

田村遺跡では、前期Ⅱ期に至って遠賀川式土器の甕と南四国型甕が共存し、これに一割程度「逆L字」口縁の瀬戸内型甕がともなう。しかし、しだいに南四国型甕が多くを占めるようになる。周辺部では遠賀川式土器をともなわず、南四国型甕のみで形成されている遺跡もある。

つまり、南四国型甕に象徴される地域性の強い土器型式の成立は、弥生文化がいち早く成立した田村遺跡からではなく、弥生文化が伝播していった周辺地域からのベクトルが働いたことを示している。前期前半にみられた弥生文化の伝播とは反対の動きによって生じた文化現象であり、弥生文化の定着を理解するうえで興味深い現象である。

この南四国タイプとでも称すべき地域型土器の盛行のなかで、前期中葉まで認められた田村遺跡など弥生文化形成の中心的な遺跡と、居徳遺跡など周辺部の遺跡との間にみられた違い、すなわち縄文晩期土器と遠賀川式土器の二重構造は解消されて、南四国タイプが広く分布するようになり、土器型式による遺跡間格差はなくなる。

(a) 前期末の壺

(b) 前期末の甕

(c) 中期前葉の壺

(d) 中期前葉の甕

(e) 中期中葉の壺

(f) 中期中葉の甕

図 45 ●南四国タイプの土器
左列は壺、右列は甕。上から下へ、前期末→中期前葉→中期中葉への変遷を示す。壺は、多条の沈線（a）から櫛描文（c）に変わり、南四国独特の貼付口縁（e・f）がみられるようになる。遠賀川式土器との違いが一目瞭然である。

第4章　南四国の拠点集落へ

1　ふたたび集住化に向かう集落

大溝と群

弥生中期半ばをすぎると、田村遺跡にふたたび大きな変化があらわれる。前期前・中葉に集落を東西に二分していた大きな自然流路が完全に埋まり、平坦な空間が広がる。そして前期中葉までの密集していた貯蔵穴群を避けるようにして、南や西に居住域が拡大する（図46・47）。それは躍動的な動きといえよう。

中～後期の集落の分析にとり組んだ前田光雄は、集落内を北から南西方向に走る四条の大溝に着目し、この時期の集落を、大溝によって画された五つの居住域から構成される集落としてとらえた。各居住域は竪穴住居、掘立柱建物、土坑などから構成され、これらを「群」として把握し、1群から5群として、集落を構成する単位と位置づけたのである。

四条の大溝がいつ掘削されたのか、その詳細な時期を知ることは難しいが、中期後半から後期にかけての竪穴住居や掘立柱建物との重複関係はほとんど認められないことから、この時期の集落の展開と不離一体の関係をもっていたと考えられる。ここでは前田の区分を参考にしながら、「群」を1～4群の四つと把握し（図48）、その変遷をみていくことにしよう。

拠点集落への胎動

中期前半までの散村的景観に終止符を打って、ふたたび集住化へ向かいはじめるのは中期後半に入った頃（土器編年でⅢ期後半）である（図48）。

各群に竪穴住居があらわれ、全体で二五棟営まれるが、とくに2群と3群に多い。2群には一〇棟、3群には一二棟営まれている。大型住居は3群に一棟あるだけで、ほかは円形を中心とする中・小型住居である。

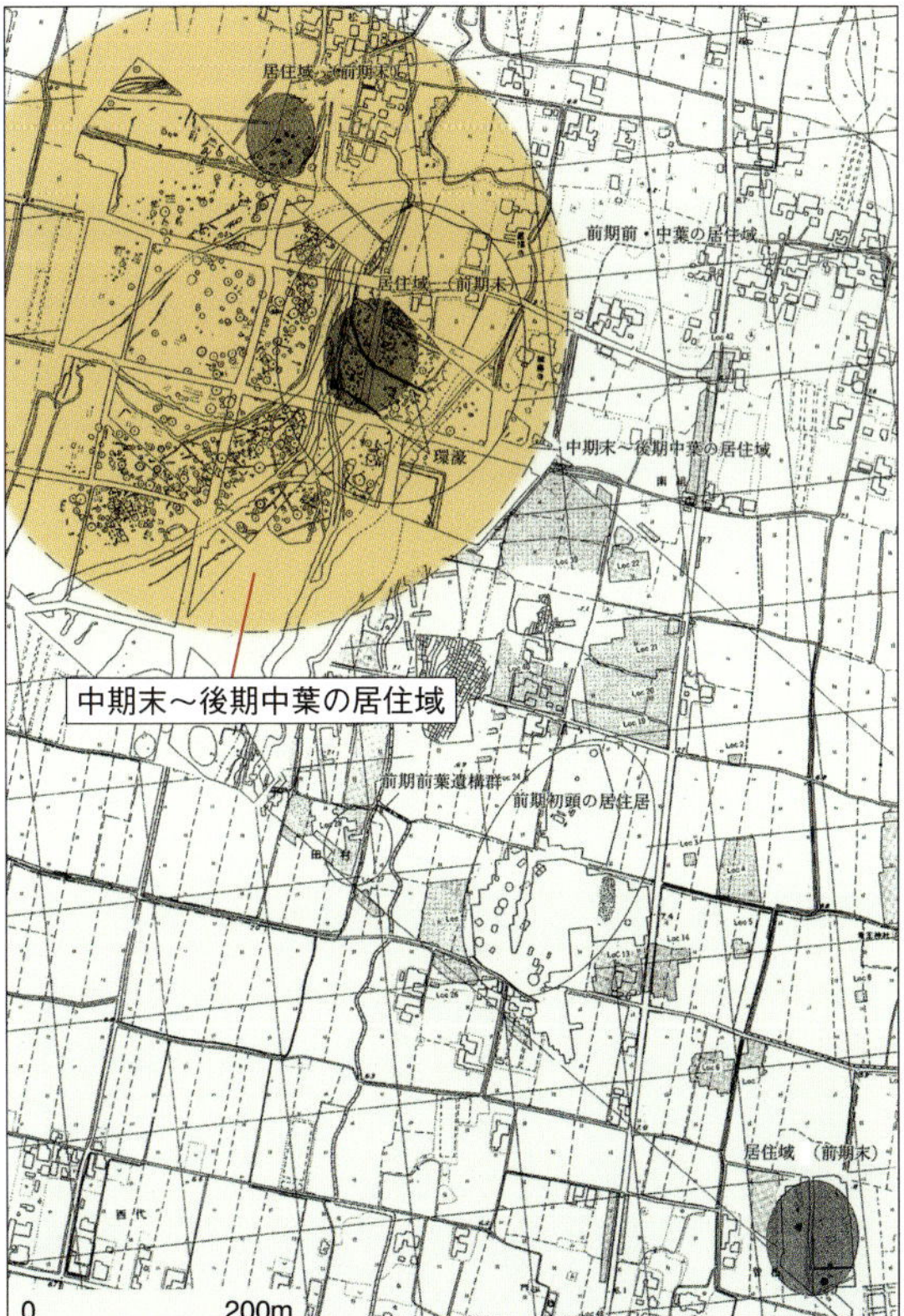

図46 ● 田村弥生ムラの変遷④・中期末～後期中葉
遺跡の北部に多くの竪穴住居や掘立柱建物が集中するようになる。

そして2群の竪穴住居が集中する南部には、これまでは例をみなかった大きな掘り方（柱穴）をもった掘立柱建物が立てられる（図49）。直径七〇～八〇センチの掘り方をもつ建物が八棟、さらに大きな、一辺が一メートルあるいはそれ以上の大きさの方形の掘り方をもつ建物が五棟である。規模は一間×一間から一間×三間で、各建物は棟方向を東西にとって、きわめて近接あるいは重複している。

この掘立柱建物群の性格を明らかにするのは難しいが、集落の象徴的な建物、あるいは集落全体の倉庫群と想定することも可能であろう。そして2群の竪穴住居群は、それらの管理にかかわった集団として位置づけられることも考えられる。

2群は以後の集落の展開のなかで中心的な存在へと成長を遂げるのである。出

図47 ● 盛行期の集落跡
居住域の2群を北から写したもの。左側に大溝2が走り、その右側に多くの竪穴住居跡がみえる。

図 48 ● 中期後半のムラ
3 条の溝によって画された居住空間が形成され、2・3 群を中心に集住化が始まる。

図 49 ● 大きな掘り方をもつ掘立柱建物
一辺が 1m ほどの方形掘り方をもった掘立柱建物が重複して営まれる。

発の段階から重要な位置を占めていたことがわかる。

弥生時代の集落を分析した武末純一は、集落内の諸施設について「計画的で、基本設計があり、そこにはその集落が負う時代性や地域性、当時の社会構造が刻まれている」と述べているが、この掘立柱建物群もそのような事例といえよう。

2 最盛期を迎える田村ムラ

大型住居の再登場

そして、中期末から後期初め（土器編年でⅣ—2期からⅤ—1期）に、田村弥生ムラの集落規模は最大となる（図50）。

中期から後期にかけての竪穴住居は合計四一一棟確認しているが、そのうちくわしい時期のわかるものが三〇一棟あり、そのなかで一七三棟、約六割が中期末から後期初めに属する。掘立柱建物も二〇〇棟前後みつかっているが、大半がこの時期である。

中期後半から中期末への変化でみると、集落全体で二五棟であった竪穴住居が九九棟と四倍に増加している。その内訳は、1群が一四棟、2群が四一棟、3群が二一棟、4群が二三棟である。また数が増えただけではなく、これまでは3群に一棟しかみられなかった大型住居が、4群を除く各群に登場する点が注目される。盛行期の中期末には九棟になり、全体の一割前後を占めるようになる。そして後期初め以降は、竪穴住居の数自体は減少するなかで、大型住居の比率は高くなっていく。

　2群の竪穴住居は、大型三棟、中型一六棟、小型二二棟で構成される。大型住居（図51・52）は群の北端、中央部、西部に配され、中央部と西部の大型住居のまわりには中・小型の住居が密集し、2群のなかで東と西に二つの「小群」が形成されるような分布を示している。

　西の小群の位置は、以前は大型の掘り方をもった掘立柱建物群の占有空間であったが、この時期にはなくなり、代わって

図50 ● 中期末のムラ
2・3群には竪穴住居がさらに集中し、4群には溝状土坑をともなった掘立柱建物が数多く出現する。

中型住居が建てられる。この竪穴住居は、後期初めには拡張されて直径八メートル、面積五三平方メートルを測る大型住居になっていく。

3群の竪穴住居は、大型が五棟、中型が九棟、小型が七棟で構成され、全体に広がっている。大型住居は中央部、南部、東部、北部にそれぞれ五〇〜一〇〇メートルの間隔をおいて位置し、周辺には中・小型住居が営まれる。

3群では鉄器の出土が多いという特徴がある。集落全体で七棟、一四点の鉄器が出土しているが、このうち五棟一二点が3群の住居からだ。板状鉄斧《てっぷ》、ヤリガンナなどの製品とともに、小鍛冶関係の鉄片が多く出土していることから、3群で鉄器生産がおこなわれていた可能性がある。

この集落の盛行期は、実年代でいうと紀元前後の時代である。当時「倭」とよばれていた日本列島の出来事が中国の記録に登場しはじめる頃である。『漢書地理志』には、日本列島が百余国に分かれていたという

図 51 ● **大型竪穴住居①**

面積は 53m²。壁の拡張から、2 ～ 3 回建て替えられ、そのつど拡張していったことがわかる。203 点のガラス小玉や碧玉、管玉などが出土している。

記録があるが、田村遺跡を核とした高知平野も、その一つであった可能性は十分に考えられよう。

大型住居の役割

この大型住居は最初から大きくつくられるのではなく、最初は小型や中型からはじまって、二回、三回と拡張をくり返した結果、最終的に大型になる場合がほとんどである（図51・52）。したがって、中央ピットは同じ位置でくり返し使われる。ここにも占地の原則がうかがえる。

出土遺物においても、最初から大型住居が中・小型住居にくらべて質量ともに群を抜くわけではなく、後期初め以降、大型住居に威信財や装身具、石器が集中する傾向が強まる。その典型は、さきにもみた２群の西小群の大型住居で、ガラス小玉が二〇三点、管玉が出土するなど際立っている（図53）。後期初め以降の大型住居には「張出し《はりだし》」をもつものも三例ほどみられる。

図 52 ● 大型竪穴住居②
面積は 43m²。この住居も 2 ～ 3 回建て替えられ、そのつど拡張していったことがわかる。ガラス小玉が 25 点出土している。

このように大型住居は、ほかの中・小型住居とは異なった内容を有する住居へと緩やかに変化している。前期の集落は、大・小二棟一対の住居でもって集団の基礎単位を形成していたが、後期初めには、一つの大型住居と複数の中・小型住居からなる基礎単位に変化している。盛行期をとおして集落構造に変化が進行しているのである。

西方からの入植集団

つぎに、4群に注目しよう。4群は中期後半まではほとんど遺構が認められなかったが、中期末になって竪穴住居が二三棟、掘立柱建物が八棟出現する。しかも、構成がほかの群とは著しく異なる。

大型住居がみられないことも特徴だが、大きな特徴は、建物D類とよんでいる、細長い溝状土坑が付属する掘立柱建物の登場である（図54）。この掘立柱建物は梁間一間、桁行は三～五間で、面積一〇～二〇平方メートルである。付属土坑は建物の北側か西側に設けられるという規則性がある。

図 53 ● ガラス小玉と勾玉
田村遺跡出土のガラス小玉は、弥生時代に広く分布するカリガラスである。着色料によって異なる淡青色ガラスと青紺色ガラスがみられるが、田村遺跡ではほぼ1：1の割合で、それは九州の特徴と類似する。ちなみに近畿は淡青ガラスが圧倒的に多いとされている。

この種の掘立柱建物は前期初頭のものに似ているが、前期前葉以降はまったくみられなかった遺構である。高知平野での分布をみると西部に多くみられる。時期は少し異なるが、仁淀川流域の北高田《きたたかだ》遺跡では、ほとんどがこの種の掘立柱建物で構成される。４群の土器を分析した久家隆芳は、ほかの群にくらべて南四国型甕の比率が高いとしている。

こうしたことから、４群の住人は田村遺跡が最盛期を迎えるときに、西方から移動してきた集団と考えられる。そして中期末から後期初めにかぎって２・３群にもＤ類建物がみられることから、両者は排他的ではなく共存しながら最盛期の一翼を支えていたといえる。

群＝集団の関係

さて、二回の調査で確認された最盛期の田村遺跡は、東西四〇〇メートル、南北四五〇メートルの範囲に展開しているが、さらに北方の未調査部分に広がっていることが予想されることから、二〇万平方メートル以

図 54 ● 溝をともなう掘立柱建物
４群でみつかった。溝のなかには多量の土器や川原石が詰まっていた。

上の面積となるものと考えられる。これは居住域の範囲であって、周辺の水田や墓地を加えた集落全体ではこの何倍もの広がりが復原される。

各群の展開する広さは、長軸二〇〇メートル、短軸一三〇メートル前後で、およそ二万六〇〇〇平方メートルである。この面積は、第2章でみた前期初頭の集落にほぼ匹敵するが、これは偶然であろうか。再生産に必要な血縁集団の居住域の範囲ととらえることもできよう。2群と3群が中心的存在として、それに移住者4群が加わり、複数の血縁集団が集まって「田村ムラ」が構成されていたのである。

では、この四つの群＝集団はどのような関係にあったのだろうか。

4群を除く各群は大型住居を有し、後期初め以降は、その特異性が出土遺物や構造にもみられるようになる。集落内で継続的な発展を遂げて中型住居が大型住居に到達したように、長期的な営みの結果、一種の「富の集積」が図られた可能性は考えられよう。

しかし、大型住居の優越性はそれほど進行しているとも考えられない。なぜならば、各群＝

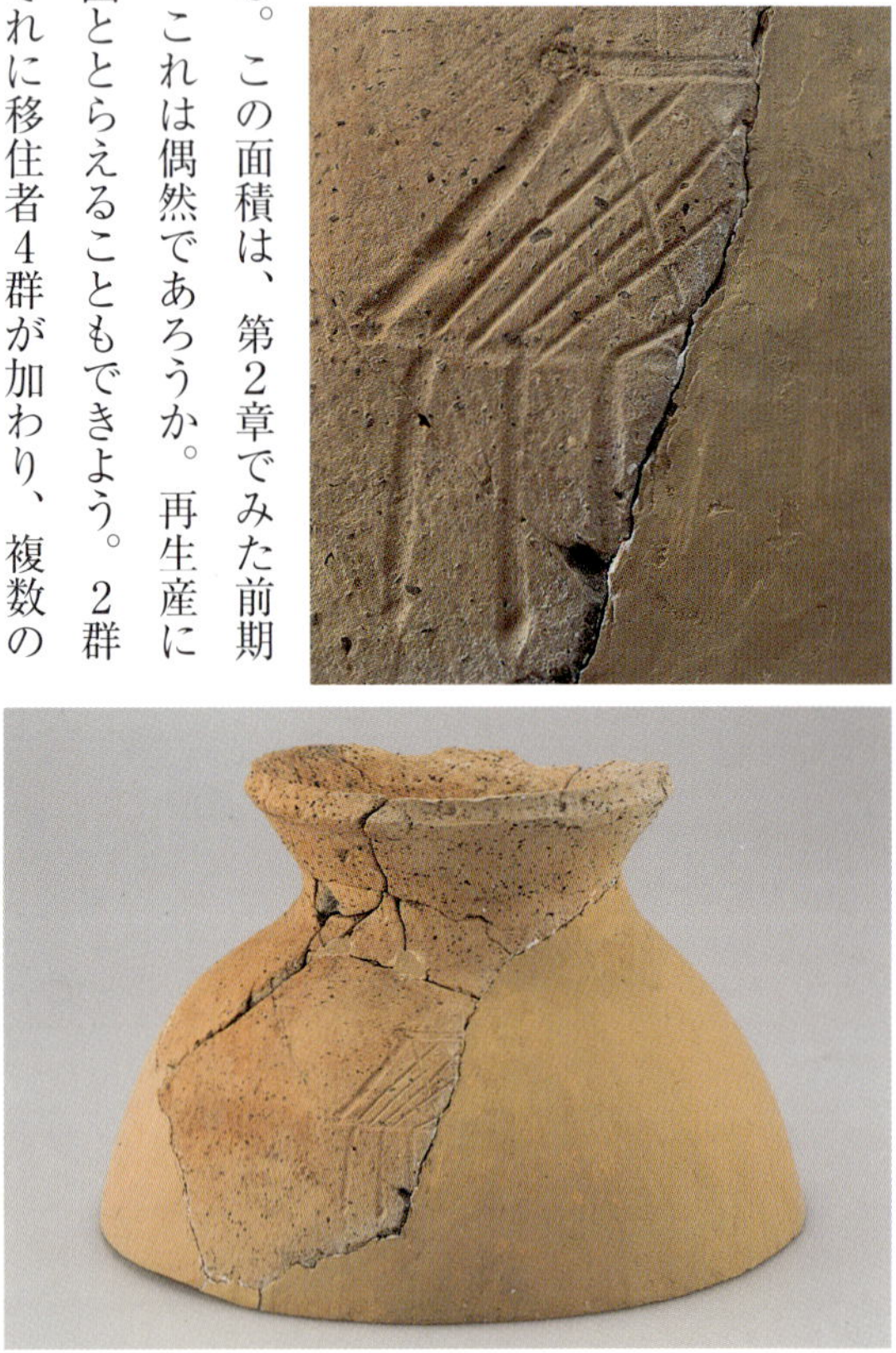

図 55 ● 描かれた掘立柱建物
2 群の溝状遺構から出土した壺の上胴部に描かれていた。屋根を格子に表現し、柱は 3 本まで確認できる。最盛期の後期初めに属する。

集団間にそれほどの優劣はあらわれていないからだ（図56）。中期末には3群が鉄器を占有していたが、後期初め以降は、4群も含めて各群に平均的に分布するようになる。各群に数棟ずつ石器の集中する住居がみられるのと同じ現象である。鉄器は「革命的な生産用具」といわれるが、まだ石器の所有形態のなかに埋没している。複数の集団は比較的等質な関係を保っていたものと考えられる。

　この時期の大規模集落では、大阪府の池上《いけがみ》曽根《そね》遺跡や佐賀県の吉野ヶ里遺跡などのように、大型建物や楼閣《ろうかく》、首長《しゅちょう》居館《きょかん》などとよばれている特別の施設、また青銅器・ガラス玉などの生産工房の存在も指摘されているが、田村遺跡ではそれらに該当するような遺構・遺物は確認できていない。

墓はどこに

　ところで、この時期の弥生集落には近接して墓域がともない、集団関係や階層性の発生などに言及し

図56 ● 4群の中型の竪穴住居
焼失したもので、床面からは放射状の炭化材と土器がみつかった。高さ60cm以上の大型の壺が6個復元できた。

得る基礎的な資料を提供している。田村遺跡でみられた四つの血縁集団も、それぞれの墓域をもち、それぞれに現世を投影して営まれていたものと考えられる。竪穴住居の数からしてかなり大規模な墓の展開が想定される。

しかし残念ながら、墓域がどこにあったのか、どのような墓制が採用されていたのか、手がかりすらつかめていない。墓がみつかれば、上述のような集団関係にあったのか否か、明らかにすることができる。今後の調査の進展に期待したい。

3　中部瀬戸内からのインパクト

土器様式の転換

前章でみてきたように、拠点集落への成長をはじめる以前、中期前半までの高知平野は、南四国型甕に代表されるようにきわめて地域性の強い土器が分布し、田村遺跡も含めて比較的まとまりのある地域土器分布圏を形成していた。それが拠点集落へと成長を遂げた中期後半になると、中部瀬戸内で成立した凹線文や内面ヘラ削り手法が広く採用されるようになり（図57）、しだいに在地系の土器のなかに浸透してくるようになる。

新たな動きは、田村遺跡で拠点集落への動きが開始されだした中期後半にはじまるが、この段階はごく一部の広口壺口縁部に凹線文《おうせんもん》がみられるだけで、しかも伝統的な粘土帯貼付口縁に凹線文が施されていた。しかし盛行期に入った中期末になると、凹線文は全器種に広がり、加

図 57 ● **瀬戸内型の甕と在地型の甕**
右は、前期末以来の伝統的な南四国の土器。櫛描文や刻目をほどこし、口縁部の外側には粘土帯を貼りつけている。左は、瀬戸内系の土器。凹線文がほどこされ、全体にシンプルな印象を受ける。

図 58 ● **瀬戸内系の土器**
凹線文をもった壺（左）と高杯（右）。

えて高杯の飛躍的な増加や（図58）、それまでみられなかった器台や把手付き土器も登場する。南四国型甕に替わる中部瀬戸内系甕の浸透、壺のバリエーションの豊富さなど劇的ともいえる様式転換を遂げるのである。

凹線文や内面ヘラ削り手法を駆使した土器は薄手でシャープな印象を与える優美な土器が多い。これらの土器の多くは、原料の粘土に占める砂粒も細かく、均質で生地づくりから異なっていた。

しかし、中部瀬戸内系の土器だけで構成される竪穴住居や土坑は存在せず、必ず在地系土器と共存する（図59）。南四国型甕の内面にヘラ削りを施した折衷土器も少量ながら認められるが、基本的に二系統の土器がつくり分けられて使用されたものと考えられる。

在地系土器は、装飾は繁縟だが壺と甕がほとんどで、シンプルな器種組成であった。高杯や器台《きだい》、把手付き土器は、在地土器には基本的にみられなかった器種であり、たんに新しい器種が登場しただけでなく、土器様式を規定した文化性も同時にもち込まれたものと思われる。

図 59 ● **瀬戸内系土器の出土状況**
土坑の床面直上に横たわる壺。頸部に凹線文がみられる。

高松平野からの搬入土器

最盛期後半の後期初めに入っても、土器をみるかぎり、中部瀬戸内からの影響は継続して受けている。甕の内面へラ削りが頸部直下にまでおよぶことや中期末の土器がシャープなつくりであったのに対して、器壁が厚くなるなど、中部瀬戸内地域の変化と軌を一にしている。

だが、高松平野でつくられた土器が少なからず搬入されるという、土器をめぐる新たな動向もみられる。「胎土1類土器」とよばれるこの搬入土器は角閃石《かくせんせき》を多く含み、褐色を呈する特徴的な胎土をもつことから細片でも容易に識別可能である（図60）。高知平野のみならず河内平野や福岡平野からも出土している。

一方、この時期、讃岐の練兵場遺跡からはわずかながら南四国タイプの壺が出土しており、両地域の交流を裏づける。遺物だけでなく、後期初め以降にみられる張出し部をもつ住居もその系譜を中部瀬戸内に求めることができる。

中部瀬戸内地域との交流は、香川県の金山《かなやま》産サヌカイトをとおして縄文時代から連綿として続いていたが、在地土器様式に転換を迫り、さらに土器そのものが一定量もたらされるような強い影響を受けたことはなかった。

図60 ●高松平野から搬入された土器
高杯の杯部。原料の土のなかに角閃石を含み独特の色調を帯びていて、在地の土器とは明瞭に区別することができる。

この時期の交流は、これまでのような伝統的な交流の延長線上でとらえられるものではなく、質的変化が進行していることを示している。愛媛大学の田崎博之は、後期初頭前後に各地でみられる模倣土器や搬入土器が多くなる現象について、「広域交流圏のシステム」の確立があったとしている。汎西日本弥生社会のいわば「新秩序」に組み込まれたこと示している。この時期に、田村遺跡が西日本の外帯における屈指の拠点集落に成長する背景となるものである。

4　道具箱の変化

石器組成にあらわれた変化

集落と土器にみられる変化は、石器などの道具類にもあらわれている。まず石器の組成や特徴についてみてみよう（竪穴住居や土坑出土などの詳細な時期比定が可能な石器にかぎり、流路や包含層資料は除く）。

石器のなかで石鏃が四割前後を占めている。これは前期以来変わりない。

石庖丁と石斧は前期以来、石斧が多くを占めていたが、この時期に逆転する。石庖丁が三割あまりを占めるようになり、石斧類の二倍となっている。なかでも打製石庖丁が増え、磨製石庖丁とほぼ同数になる。打製石庖丁のなかにはサヌカイト製のものもみられ、中部瀬戸内との交流は石器にもあらわれている（図61）。

石斧類は、伐採斧と扁平片刃石斧や柱状片刃石斧などの加工斧がみられ、その比率は一：二の割合であり、前期とは完全に逆転している。拠点集落となった「田村ムラ」では、道具の変化からみるかぎり、木の加工がもっぱらとなっている。もはや近隣には伐採に適した木材がなく、伐採や板材の獲得は上流域でおこなわれていた可能性がある。また、これまでみられなかった器種として環状石斧と有溝石錘がある。

図 61 ● サヌカイト製の石庖丁の出土状況
中期末の土坑から土器とともに出土。側縁にえぐりがみられる。

図 62 ● 田村遺跡出土の鉄器
(a) 袋状鉄斧(長さ 6.2cm)、(b･c) 板状鉄斧、
(d) 舶載鋳造鉄斧の再加工品、(e) 鉄鏃、
(f) 装飾付き刀子、(g) ヤリガンナ。

鉄器の登場

この時期に顕在化しはじめる道具として鉄器があげられる（図62）。高知平野でもっとも古い鉄器資料は高知市柳田《やなぎだ》遺跡出土の弥生中期前半の鋳造鉄器片だが、田村遺跡では中期末から鉄器がみられ、最盛期をとおして増加し、後期にも継続して認められる。総点数では六〇点で、舶載鋳造鉄斧、板状鉄斧、袋状鉄斧、ヤリガンナ、刀子《とうす》、鉄鏃、釣針などがみられる。刀子は装飾が付いており、ほかの地域では例をみないものも含まれている。

製品のほかに、板状や棒状の細かな鉄片類が出土している。これらの細片は、鉄板の裁断など鉄器製作に際して生じた副産物で、鍛冶関連の遺物と考えられる。鍛冶遺構を確認することはできなかったが、西分増井遺跡では後期中葉から鍛冶炉が確認されていることから、田村遺跡でも鉄器生産がおこなわれていたことは十分考えられる。

5　青銅器ベルト地帯の形成

田村遺跡出土の青銅器

高知平野の弥生時代後期を文字どおり彩るものに青銅祭器がある。弥生後期に山陰や瀬戸内から青銅祭器が消滅した後も、南四国は近畿式銅鐸《どうたく》と九州でつくられた銅矛《どうほこ》が東西に対峙するように分布し、中央部の田村遺跡付近は両者の混在地帯を形成するという、他地域にはみられない現象が生じている。

まず田村遺跡出土の青銅器を紹介した後、南四国の青銅祭器と田村遺跡との関係について考えてみたい。出土した青銅器は、銅鐸・銅矛などの青銅祭器にかかわるものと、鏡・銅釧《どうくしろ》などの威信財的なものに大別することができる。前者は一般的に集落の祭祀に供され、後者は個人的な権威の象徴あるいは宝器的な位置づけがなされている。両者の出土状況にみられる違いは性格の相違を示してものといえよう。

三枚の破鏡（図63 a・b・c）

一次調査で二面、二次調査で一面の破鏡が出土している。一次調査の二面はともに中国後漢の方格規矩四神鏡《ほうかくきくししんきょう》である。「竟真大」の銘文や玄武《げんぶ》と考えられる画像がみられる。復元径はともに一六センチ前後である。一面は3群の後期前葉に属する中型竪穴住居の床面に突き刺さったような状態で出土し、もう一面は1群の後期の流路から出土し

図 63 ● 田村遺跡出土の中国鏡と銅釧
(a・b) は後漢の方格規矩四神鏡の破片。(a) の銘帯には「棗」「尚」の文字が、(b) には「竟真大」の文字が読みとれる。(c) は前漢鏡の破片の可能性が指摘されている。(d) は銅釧の破片。

ている。両者ともに良質で光沢を放っており、鏡面・背面・断面に著しい磨耗が認められる。

二次調査出土の一面は、3群の後期前葉の中型竪穴住居埋土中からの出土である。外縁部のみだが、復元直径八・三センチで前漢鏡の可能性が指摘されている。

銅釧（図63d）　1群の後期初頭に属する大型竪穴住居の中央ピットから出土した。有鉤《ゆうこう》銅釧の破片で、残存長は五センチである。

銅鐸舌　一九七四年に小学生が西見当乙五七九番の水田から偶然に発見した。ここは前期前・中葉の集落の中心部にあたるところである。水田を三〇センチほど掘り下げたところから出土しており、前期中葉から後期の土器が一緒に出土している。舌の長さは三・七センチと短く、重さ二二・五グラム、頭頂部から〇・六センチ下がったところに小孔がある。この舌を使って鳴らす銅鐸本体が集落内に存在していたことが考えられるが、岡本健児は西方の南国市大埇関町田《おおそねせきまちだ》遺跡出土の扁平鈕《へんぺいちゅう》式銅鐸を該当させている。

再加工品　調査区中央部を流れる大溝1から出土した。長さ三センチ、幅〇・五〜〇・六センチ、断面方形を呈する。一端をノミ状に研磨している。青銅祭器の一部を再加工したものと考えられる。

中広形銅矛（図64）　二次調査で4群の調査区北端の土坑から出土した。刃部を垂直、耳を上にした状態で出土したことから、埋納したものと考えられる。共伴遺物はないが、担当者は土坑検出面から中期末から後期に埋納されたものとみている。

広形銅矛　六口出土している。一口は二次調査で鋒部が古代の溝から出土している。後代に混入したものと考えられる。五口は田村カリヤから一八九九年に偶然発見された（図65）。一緒に埋納されていたものと考えられる。この地点は3群の居住域のなかにあり、中・後期集落の中心地からの出土ということになる。

銅鐸　中後期集落から五〇〇メートルほど北東の田村正膳一一六三・六九番から一八八二〜八三年（明治一五〜一六）に吉本銀次郎が発見したものである。現在は兵庫県西宮市の辰馬考古資料館に所蔵されている。弥生後期に属す突線《とっせん》鈕《ちゅう》二式六区画袈裟襷文《けさだすきもん》銅鐸（近畿式銅鐸）で、いわゆる「見る銅鐸」に属していることから、上述の舌とは関係がない。本地点も田村遺跡の一角を占めているものと思われる。

図64 ● **中広形銅矛の出土状況と復元**
調査区北端の壁にかかるようにして発見された。断面観察から、細長い土坑に埋納されていたことがわかった。破片をつなげると、長さ77cm、最大幅8cmに復元できた。

盛行期にもたらされた青銅器

これらの青銅器はいつ田村遺跡にもたらされたのだろうか。確定することは難しいが、中広形銅矛と扁平鈕式銅鐸は中期末～後期初め、広形銅矛と近畿式銅鐸は後期前・中葉のものである。中広形銅矛と扁平鈕式銅鐸は田村ムラが最盛期を迎えたころ、広形銅矛と近畿式銅鐸は少し遅れてもち込まれたといえる。

銅矛は九州から南四国西南部を経由してもち込まれたものだが、とくに中広形銅矛の段階には、さきにみた4群が深くかかわっていたものと考えられる。

鏡や銅釧もほぼ同時期にもたらされたものと考えられる。高倉洋彰は、鏡片について完形品の絶対量を補うために鏡片として配布したと述べているが、この時期、高知平野も鏡を必要とする社会に組み込まれていたことを意味する。

図65 ● 田村カリヤ出土の広形銅矛
1899年、水田耕作中に発見された5口の中の1例。

瀬戸内の平形銅剣は入ってこなかった

以上みてきたように、田村ムラ出土の銅矛・鏡片などは九州系のものが多い。しかし、盛行期の田村ムラは中部瀬戸内からの強いインパクトがあり、わけても土器は様式的な転換をともなうほどの影響を受けていたはずだ。しかしこの時期、瀬戸内で多くみられる平形銅剣が田村遺跡を含めて高知平野にはまったく入っていないのである。一方、九州からは銅矛や鏡など多くの青銅器が入ってきているが、土器は九州からの影響はほとんどみられない。つまり土器と青銅器は、異なった次元での交流であったことを物語っている。これは何を意味しているのだろうか。

田村遺跡の求心性

和辻哲郎はかつて、青銅祭器の東西対峙的な分布について「銅矛銅剣文化圏」と「銅鐸文化圏」を提唱し、九州を中心とする政治勢力と、近畿を中心とするそれとの対立の構図として理解した。今日では、そのような単純な分布論は成り立たないことが明白となっているが、このような構図については、やはり九州と近畿の政治的な対立を投影した現象とする見方が一般的である。

もしそうであったならば、銅矛銅剣と銅鐸が混在する田村遺跡は、九州と近畿の政治的な対立の最前線となり、抗争の渦中にあったことになる。しかし発掘調査からは、そのような対立の証拠は認められない。

ここで高知全体における青銅祭器の動向をみてみよう。

弥生中期初頭、細形銅剣が瀬戸内からもち込まれ、西部の仁淀川流域に分布圏が形成される。中期中葉には、中部瀬戸内経由で中細形銅剣a類が、また豊後水道を経由して中細形銅戈《どうか》が、西部の窪川《くぼかわ》台地に流入し、これまで青銅祭器がみられなかった高知平野東部にまで分布圏が広がる。この時期のものとして香南市《こうなんし》兎田《うさえだ》八幡宮所蔵の絵画銅剣（図66）が注目されている。

中期末から後期初めになると、中細形銅剣c類、中広形銅矛、中広形銅戈、扁平鈕式銅鐸が登場し、もっとも多くの器種が高知平野にそろい、多種の青銅器が高知平野で共存する（図67上）。九州発の青銅祭器が圧倒的に優勢となるのは否めない。その代表が中広形銅矛で、西部を中心に三八口が確認されている。下條信行は、銅矛を玄界灘沿岸地方の「王者の墓を飾る最

図66 ● 香南市兎田八幡宮所蔵の絵画銅剣
カエル、シカ、カマキリ、サギの動物絵画が浮き彫り風にほどこされている。

高の祭器」としているが、この段階から堰切ったように南四国にもち込まれる。

後期前・中葉は青銅祭器の最終段階で、広形銅矛と近畿式銅鐸がもち込まれる（図67下）。広形銅矛は一六口確認されているが、その分布は高知平野東部に移っており、すでにみたように田村遺跡では近畿式銅鐸と共存するとい

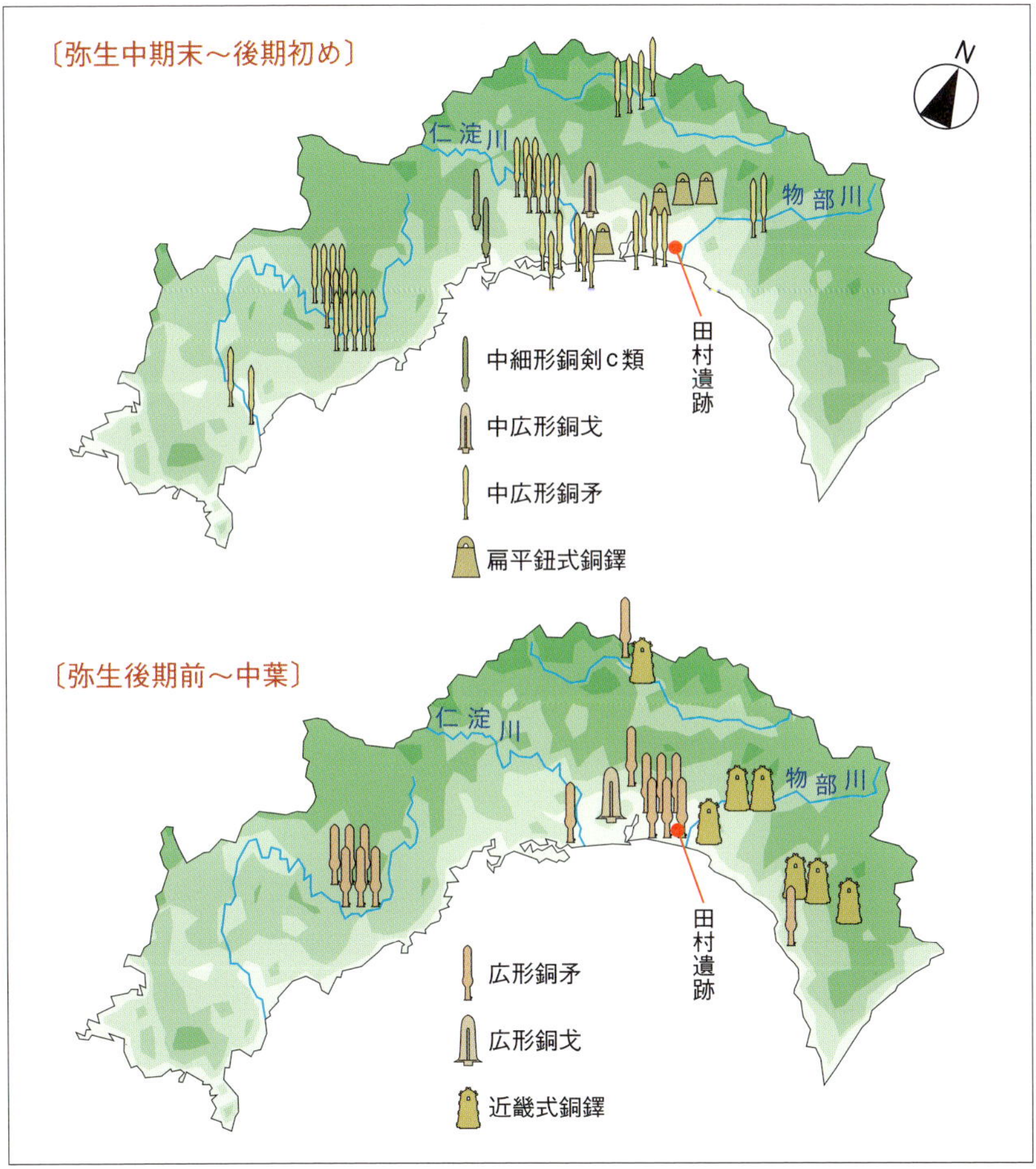

図67 ● 南四国の青銅祭器の分布（Ⅲ・Ⅳ期）
上：中期末から後期初めは、西部を中心に中広形銅矛が数多く分布するとともに、中央部では多種の青銅祭器が共存している。
下：後期前・中葉期になると、広形銅矛が中央部を中心に分布するとともに、東にも分布範囲を広げ、田村遺跡では近畿式銅鐸が共存している。

う、他地域には認められない現象が生じ、文字どおり高知平野の後期社会を彩っている。

最終段階の青銅祭器は、高知平野東部で両者の混在地帯を形成し、南四国全体では西部の広形銅矛と東部の近畿式銅鐸の対峙的な分布とみることもできる。

この分布は、高知平野や南四国で完結するものではない。広形銅矛は窪川台地から南予や豊後へと、近畿式銅鐸は阿波南部から紀南地域に形成された青銅祭器分布の延長線上、すなわち最終段階に形成された青銅祭器のベルト地帯のなかに位置づけてはじめてその本質が理解されるのではないか(図68)。それはいち早く青銅祭器を捨て去った瀬戸内や山陰とは異なる祭祀圏の形成を意味する。そのなかにあって田村遺跡は、弥生時代的な諸関係を最後まで果たした中心的存在であり、その求心性の産物が両者の共存としてあらわれたのである。そしてそれは、田村遺跡の劇的な終焉とも関係している。

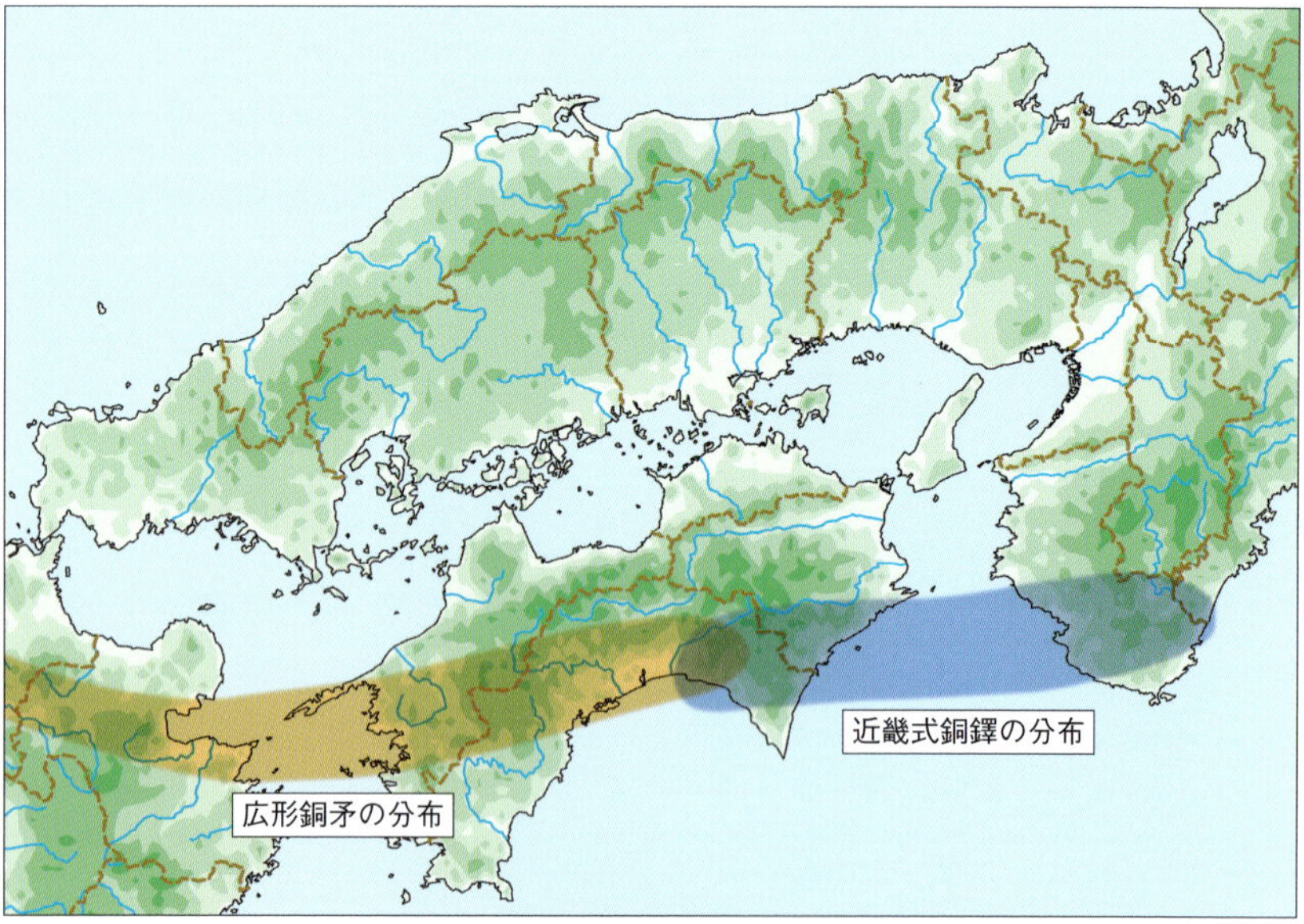

図68 ● 青銅器ベルト地帯の概念図
広形銅矛は高知平野東部から窪川台地・南予をへて豊後へ、近畿式銅鐸は高知平野から阿波南部・紀南にのびる。

第5章　田村弥生ムラの終焉

衛星集落の登場

田村遺跡が最盛期を迎える頃、周辺部においても集落遺跡が増加し、高知平野全体が活況を呈するようになる（図69）。田村遺跡と物部川を隔てて東方には下《しも》ノ坪《つぼ》遺跡や本村《ほんむら》遺跡が、北方には小規模ながら原南《はらみなみ》遺跡や稲荷《いなり》の前《まえ》遺跡が、西方には西野々《にしのの》遺跡、奥谷南《おくだにみなみ》遺跡などが認められる。これらの遺跡は、田村遺跡が最盛期を迎える時期に成立し、終焉とともに消滅することから、田村遺跡を核とした衛星的な集落として位置づけることができよう。

下ノ坪遺跡は、トレンチ状の調査であったにもかかわらず、後期初～中葉の竪穴住居が一四棟確認されており、本来は四〇～五〇棟を擁する集落遺跡と考えられる。ここからは田村遺跡と同じ高松平野からの搬入土器がまとまって出土している。また張出し部をもった大型住居もみられ、鉄斧やガラス小玉八〇点が出土するなど田村遺跡と類似している。しかし東方の遺跡の後期初頭には、粘土帯貼付の南四国タイプは存在しない。また溝状土坑をともなった掘立柱建物は認められない。ところが、西方の西野々遺跡からは多数の竪穴住居や溝状土坑をもった掘立柱建物、南四国タイプの土器が多く認められるのである。

田村遺跡を中心にして東と西とでは同じ衛星集落でも異なった土器文化をもっていたことがわかる。田村遺跡は両者の中間にあって両方の要素を備えているが、盛行期をとおしてふたたび東西に地域差が生じつつあったことを示している。

突然の終焉

最盛期の後半である後期初頭をすぎ、後期前葉に入ると、1・4群から竪穴住居や掘立柱建物が消え、2・3群に遺構が集約される。拠点集落の形成期に逆戻りしたような状況を呈する。後期前葉の前半は三二棟、後期前葉の後半は三七棟の竪穴住居が営まれるが、続く後期中葉には、3群に大・中型住居が各1棟、2群に大型一棟、中型二

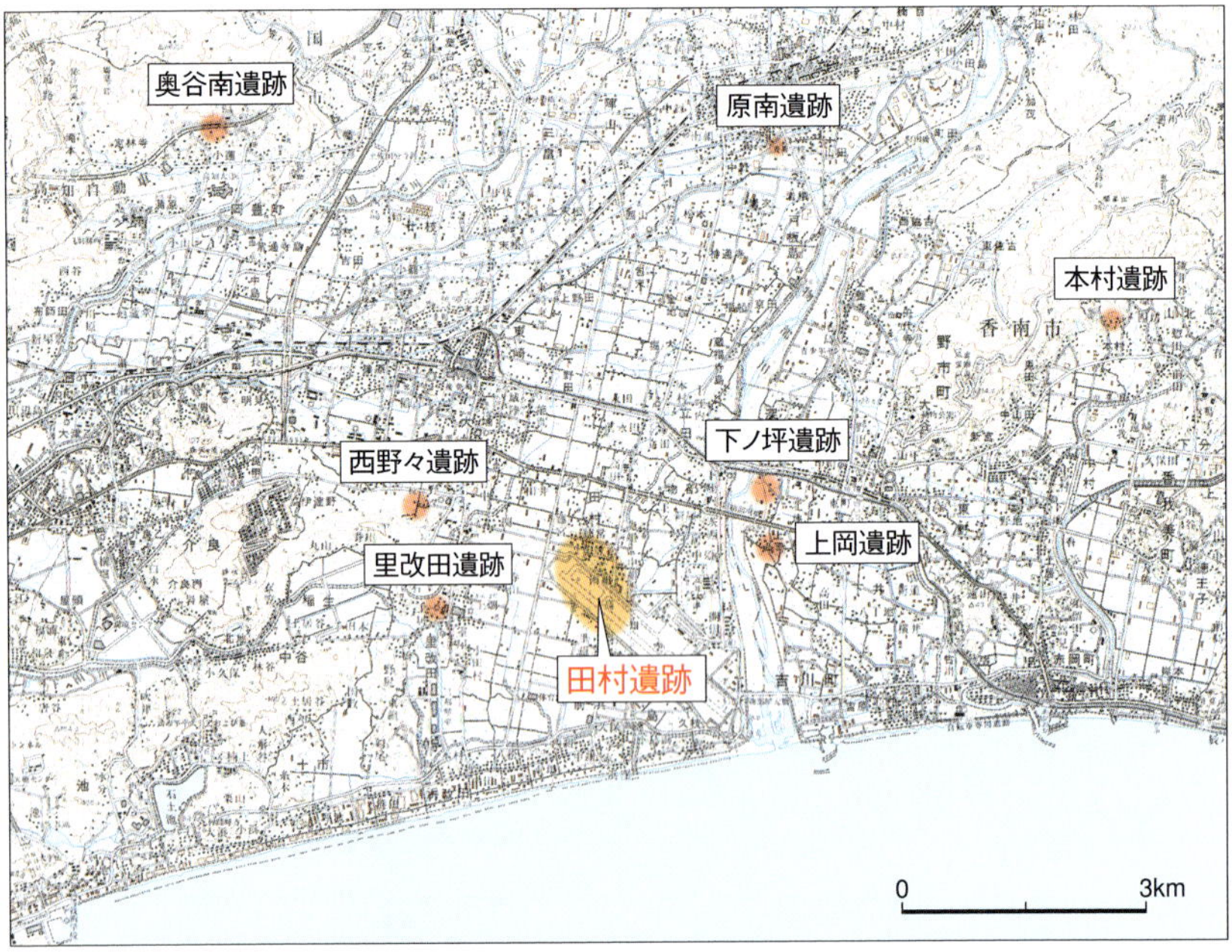

図 69 ● 田村遺跡の衛星集落
田村遺跡が最盛期に入る中期末頃、周辺部には中・小の集落が出現する。

棟の計五棟にまで激減する（図70）。

各群を隔してきた大溝もこの段階に埋没し、ふたたび機能することはない。溝埋没の直接の原因は、洪水などの自然的な要因も考えられるが、復旧せずに放棄するということは社会的要因も考えられよう。そして後期中葉を最後に弥生時代の田村遺跡は消滅する。徐々に衰退するのではなく、かなり急激な廃絶を示している。同時に衛星集落もいっせいに消滅する。

この後、後期後葉〜古

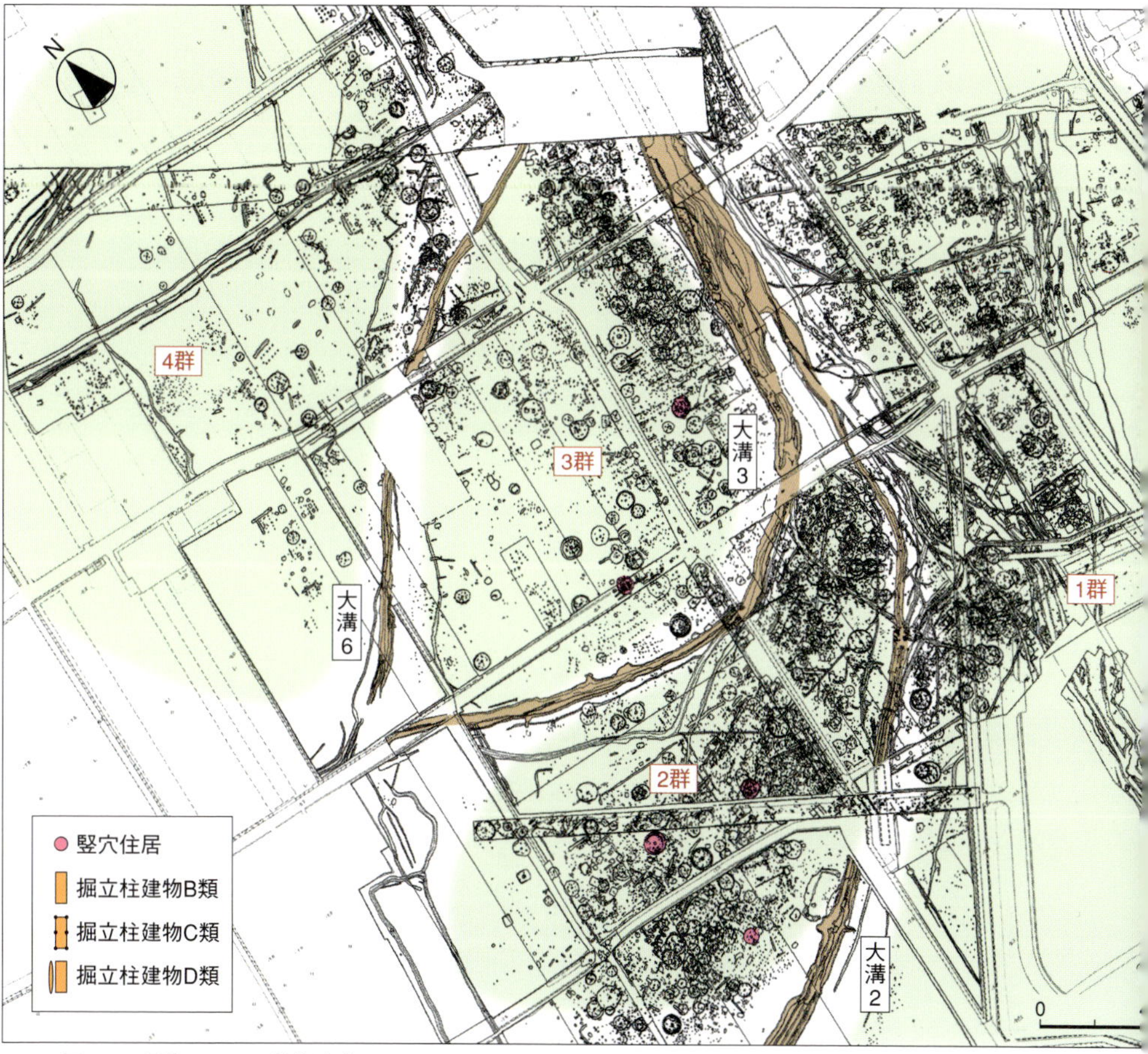

図70 ● 最後のムラ・後期中葉
ふたたび閑散とした状況を呈する。おそらくこの時期に居住域を画していた溝は埋没し、以後、集落は途絶える。

墳時代前期初の高知平野では、あたかもビッグバン後のように、周辺地域に中小規模の集落が数多く散在して営まれるようになる。田村遺跡を核として展開していた高知平野の弥生社会は解体され、集落の再編制が急速に進んでいることを示している。

古墳時代出現前夜

これにはさまざまな要因が考えられるが、古墳時代出現前夜の大きな社会的要因が横たわっているように思われてならない。

すなわち、田村遺跡は縄文時代後期以来、太平洋沿岸地域に開かれた「津」として、東西間、あるいは瀬戸内地域とのクロスロードとしての役割を果たしてきた。とくに中期末から後期初頭においては、太平洋沿岸地域では、尾張の朝日《あさひ》遺跡につぐ大規模集落となり、南四国のみならず黒潮沿岸地域に開かれた拠点集落へと成長を遂げた。

後期中葉での突然の廃絶は、交流の要衝としての機能停止、田村遺跡がこれまで果たして来た歴史的役割に一つの終止符が打たれたことを意味する。政治、経済の大動脈が、一時期瀬戸内に集中したことに起因するものと考えられる。

盛行期から廃絶、再編の劇的な展開は、青銅祭器の展開からも読みとることができる。前章でみたように、田村遺跡の終焉によって銅矛・銅鐸は埋納され、鏡は廃棄された。青銅祭器をことごとく破断して廃棄した西分増井遺跡とは対照的なあり方を示している。古墳時代へと継続する遺跡と弥生時代のうちに終焉を迎えた遺跡との違いであろうか。

第6章　田村遺跡と現代

1　田村遺跡への関心と保存

県内一〇大ニュースに入った田村遺跡の発掘

田村遺跡の発掘調査は、弥生時代を中心に、縄文時代から中世・戦国時代の歴史に、全国的なレベルで注目すべき成果をあげることができたが、同時に高知県民に埋蔵文化財と地域の歴史への関心を喚起するうえで大きな出来事だった。それまで高知県で遺跡調査といえば、小規模な発掘が年数回おこなわれていたにすぎず、県民の遺跡や考古学への関心はけっして高いとはいえなかった。

それが一次・二次調査をとおしてつぎつぎと重大な成果が明らかになり、時にはセンセーショナルなニュースとなって流れることもあり、遺跡への関心は高まっていった。一九八二年末『高知新聞』の「読者が選ぶ県内一〇大ニュース」や「県内三大文化ニュース」にも上った。

田村遺跡を保存する会の設立

さて、田村遺跡の内容がしだいに明らかになるにつれて、「このまま飛行場にするのはあまりにももったいない」「私たちの祖先の営みを今日に伝えているかけがえのない遺産を何らかのかたちで残したい」「後世に伝えていく責任もあるのではないか」といった市民の声があちこちから上がり、新聞の投書欄にも田村遺跡の保存を求める意見がしばしば登場するようになった。当時、計画中であった県立歴史民俗資料館の建設場所の問題とも絡み、論議が沸き起こったのである。

そして一九八二年一一月四日、地元の有志が中心となって「田村遺跡を保存する会」（会長乾《いぬい》常美《つねみ》）が結成された。「保存する会」は、田村遺跡の重要性に鑑み保存を目的として、行政への働きかけや請願署名などを展開した。一二月はじめには、ちょうど水田跡、足跡の発見もあり保存運動は大いに盛り上がりをみせた。

一カ月余の期間であったが三二八四名の署名が集まり、一二月一五日には南国市議会と県議会に対して「保存のための具体的対策を早急に立てるよう」請願をおこなった。その結果、県議会では全会一致で請願が採択されたのである。

図 71 ● 保存運動の集大成
新聞記事をはじめ関連の資料、機関誌『弥生人』、請願書などを収録し、1980年1月から84年9月までの保存運動の取り組みが詰まっている。

一〇〇〇人余の応援団来る

一九八二年度は空港本体部分の発掘調査の最終年度で、八三年二月末を目標に工事と競合しながら急ピッチで作業を進めなければならず、発掘現場は多忙をきわめていた。

おりしも弥生前期初頭集落の調査中であり、松菊里型住居が相次いで発見されるなど、これまでの弥生文化の成立についての常識に再考を迫るような重要な成果をはらみながら最終局面を迎えつつあった。

朝、事務所から現場に来た道が帰りにはなくなっているような慌ただしさであった。足りなくなったのは時間だけではない、このころになると経費的にもかなり欠乏していた。遺物を入れるコンテナケースが買えず発泡スチロール箱で代用していた。

当時の遺跡調査は、事業主体者からすれば大事の前の小事的な位置づけであり、文化財サイドの発言力は弱かった。それが保存運動によって県民と議会の支持を得たのであるからこれほど力強いことはなかった。こうしたなか、八三年一月三〇日（日）に「保存する

高知新聞

昭和58年（1983年）1月31日（月曜日）

千人以上が詰めかけた田村遺跡見学会（南国市田村の発掘現場で）

土器などの展示に人垣

最後の機会に1000人

南国市　田村遺跡で見学会

【香長】田村遺跡を保存する会と、高知大学考古学研究会による田村遺跡見学会が三十日午後、南国市田村の遺跡発掘現場で開かれた。「最後の見学会になるかも」との主催者の呼びかけに県下から千人を超える人が参加、熱心に勉強した。

田村遺跡の発掘は二月いっぱい行われる予定だが、弥生時代の住居群跡や水田跡、あるいはそこに残された弥生人の足跡など、目玉的な遺構の多くは間もなく空港滑走路拡張工事の土砂に埋もれる。これまでも県下各地から小、中学校が連日、見学に訪れているが、この遺跡保存を呼びかける「保存する会」が一般の人に勉強の機会を提供し、保存への機運を一段と盛り上げようと企画した。

同市田村、遺跡桑の本が集合場所になったが、開始の午後一時には主催者の予想を大幅に上回る一千人以上が県下各地から駆けつけ、付近の道路には車があふれた。用意した説明のパンフレットも早々と"品切れ"になり、ハンドマイクの声も聴き取りにくいほどで、「保存する会」の世話役や手伝いの学生もうれしい悲鳴。

「こうした大規模な遺構を目のあたりにするのもこれが最後かもしれません。しっかり目に焼きつけて下さい」と保存する会の乾常美会長があいさつ。県教委文化振興課の宅間一之主事の概略説明で見学会が始まった。

高知市を中心に遠くは室戸市、中村市などから来た人もあり、広い発掘現場も人でぎっしり。これまで例のない大見学会となった。会場には土器などほんの一部の出土品も展示され、人垣ができる。説明役の後を五、六十人が追い、熱心に聴き入って勉強するとともに「これを保存するうまい方法はないものか」と語り合っていた。

図72 ● 最後の現地説明会（高知新聞1983年1月31日）
1983年1月30日（日）におこなわれた最後の現地説明会には1000人を超える見学者が県下各地から詰めかけた。メガホンを手にしているのは乾常美「保存する会」会長。

会」、高知大学考古学研究会主催の合同遺跡見学会が開かれ、県下各地からじつに一〇〇〇名を超える参加者があった（図72）。まさに一〇〇〇名の応援団であった。

南国土佐といっても冬は寒い、遮蔽物が何もない現場では寒風が身を刺して吹き抜ける。ビニールシートに張った氷をかじかんだ手で砕きながら現場作業を始めることもめずらしいことではない。しかし春はそこまで来ていた。

遺跡の一部保存と水田跡の切り取り保存

一九八三年四月、新年度を迎え三年間の調査は終わった。発掘された遺跡は、工事の進捗とともにつぎつ

「弥生人の水田」引っ越し
南国市の田村遺跡
切り取られ箱詰め
"弥生文化"宙に
切り取られた"弥生文化"。鋼管とコンクリートの箱詰めにされ、クレーンでつり上げられた。太古のロマンを残す、その瞬間だ
1キロの道を半時間
高知空港の拡張工事から逃れるように箱詰めにされた水田跡が行く。トレーラーの荷台からはみ出すサイズ。ひび割れを防ぐため超ノロノロ運転で、1キロ余りの輸送距離に半時間もかけた
大クレーン車出動
カメラ手に見物人
仮埋設地で歴民館待つ
しばらくは地中で
南国市久枝の仮埋設地に着いた遺跡は、表面に水をかけ、さらに砂をかぶせて再び地中へ。県立歴史民俗資料館の建設を待って再度掘り起こし、本格的に展示保存する

図73 ●「弥生人の水田」引っ越し（高知新聞 1983年6月7日）
20m² を切り取り、下に鋼管を打ち込んで固定分離してつり上げた。水田を搬送する大型トレーラーの上を飛行機がスレスレに離陸していく。

ぎとその姿を消していった。しかし、一次調査最後の調査区となった「ワカサカ内」地区で発見された松菊里型住居など、弥生前期初頭の集落の一部については地下保存が図られることになり、ていねいな埋め戻しがおこなわれた。高知平野に弥生文化の訪れを告げた遺跡の一部は、新装なった滑走路脇の緑地帯の地下に二千数百年前の姿をとどめることになった。

そして、五月末にはもっとも注目を集めた弥生水田跡の切り取り作業が実施された（図73）。それは保存運動の大きな成果であることはいうまでもない。水田跡は四×五メートルの広さを「鋼管推進工法」で切り取り、保存処理がなされ、現在、県立歴史民俗資料館の展示室の一角に二千数百年前の姿をみせている。

2　地域再生の文化資源

「私のユメは広がる」

その田村遺跡が
私の家のすぐそばにある
自転車で十分
こんな近くに
大きな遺跡がある

家の柱が立っていた穴
火をたいていた穴
私はじっと見ていた
やがて私は
土をこね

つぼを作り
かめを作っている
やよい時代に入りこんだ
木の皮であんだ服をきて
火をたき
水田を耕す人
矢じりをもって
戦う人の姿が、私の
頭にうかぶ
遠い遠いやよい時代に
私のユメは広がる

ユメは消えた
家に帰ると
さっそく調べた
本の写真で
田村遺跡と同じ物を見た
私はあらためて
田村遺跡のねうちを知った
（後略）

（浜田奈緒美「田村遺跡」より）

この詩は、遺跡見学に来た三和小学五年生、浜田奈緒美さんの詩の一部分である。田村遺跡に強い関心をもち、「田村遺跡を保存する会」を立ち上げた中心メンバーでもあった地元の高校教員、窪田《くぼた》充治《みつはる》が紹介してくれたものだ。

毎日生活している地面のすぐ下から、これほどの遺物や遺構が出土しようとは、と驚きをもって遺跡と向き合い、自分と埋蔵文化財との距離が一挙に縮まったのである。教科書やこれまでの歴史のなかに登場することのなかった私たち自身のルーツが具体的な遺構・遺物として見事に再現される発掘現場は、訪れる人びとに大きな感動を与えるとともに、悠久の歴史と現代を結ぶ役割を果たしたのである。「田村遺跡が秀れた教材であることを物語って余りあると思う」と、窪田は語っている。

田村遺跡から学ぶもの

日本列島の歴史のなかで最大の変革期とされる弥生文化の成立期、田村遺跡がこれほどの大きな役割を果たしていたとは誰も想像できなかったことであろう。弥生中期末から後期初めにかけては、南四国のみならず広く黒潮沿岸地域に開かれた拠点集落へと発展し、青銅祭器の分布にもみられるように独特の役割を担っていた。文字どおり発掘調査をとおして埋もれていた歴史をよみがえらせることができたのである。

田村遺跡の価値はこれにとどまらない。今後、調査成果をくり返し検討することによって、まだまだ豊かな情報を発信することができる。しかもまだ半分近くが残っているのである。

遺跡への関心の高まりは、地域の歴史に対する誇りと遺跡が地域の再生に必要な文化資源であることを物語る。遺跡はそこに立つことによって歴史と空間を共有することを可能にし、保存・整備されれば歴史の語り部として第二の生命を付与されるのだ。遺跡はたんに懐古や癒しの空間ではなく、地域のあるべき姿と未来への指針を示す積極的な役割を担っている。地域は〝唯一の地域〟として歴史のなかで輝いていた。田村遺跡は私たちに大きな可能性のあることを語りかけてくれている。

主な参考文献

高知県教育委員会『田村遺跡群』第一分冊～第一五分冊　一九八六年

高知県教育委員会・（財）高知県文化財団埋蔵文化財センター『田村遺跡群Ⅱ』第一分冊～第九分冊　二〇〇四年

岡本健児『高知県史　考古編』高知県、一九六八年

岡本健児「四国」『弥生土器Ⅰ』ニューサイエンス社　一九八三年

岡本健児「高知県発見の銅矛について」『高知の研究一』清文堂　一九八三年

佐原真「銅鐸と武器型青銅器」『三世紀の考古学』中巻　学生社　一九八一年

下條信行「銅矛形祭器の生産と波及」『森貞次郎博士古稀記念古文化論集』上巻　一九八二年

高倉洋彰「鏡」『三世紀の考古学』中巻　学生社　一九八一年

高橋護「弥生文化のひろがり」『弥生文化の研究』9　雄山閣　一九八六年

高橋護「遠賀川式土器」『弥生文化の研究』4　雄山閣　一九八七年

武末純一『弥生の村』山川出版社　二〇〇二年

田崎博之「瀬戸内における弥生社会と交流」『瀬戸内海地域における交流の展開』名著出版　一九九五年

田村遺跡を保存する会『田村遺跡群発掘調査及び保存運動関係資料集』一九八四年

出原恵三「初期農耕集落の構造」『考古学研究』第三四巻第三号　一九八七年

出原恵三「弥生から古墳へ　前期古墳空白地域の動向」『考古学研究』第四〇巻第二号　一九九三年

出原恵三「四国における遠賀川式土器の成立」『突帯文と遠賀川』土器持寄会論文集刊行会　二〇〇〇年

出原恵三「土佐地域」『弥生土器の様式と編年』四国編　木耳社　二〇〇〇年

出原恵三「中部瀬戸内と高知平野」『環瀬戸内の考古学　平井勝氏追悼論文集』上巻　古代吉備研究会　二〇〇二年

出原恵三「黒潮沿岸地域の交流と南四国」『田辺昭三先生古稀記念論文集』二〇〇二年

出原恵三「弥生時代前期末・中期初の集落」『古代文化』第五六巻第四号　（財）古代学協会　二〇〇四年

出原恵三「弥生文化成立期の高知平野」『高知市史研究』第三号　二〇〇五年

出原恵三「田村遺跡弥生時代中期から後期の集落変遷」『日本考古学協会二〇〇六年度愛媛大会研究発表資料集』日本考古学協会二〇〇六年度愛媛大会実行委員会　二〇〇六年

出原恵三「弥生文化成立期の大陸系磨製石器—田村遺跡からの新視点—」『古文化談叢』第六〇集　九州古文化研究会　二〇〇八年

高知県立埋蔵文化財センター

・高知県南国市篠原1437―1
・電話　088（864）0671
・開館時間　9：00〜17：00
・休館日　土・日曜日、12月29日〜1月3日（8・9月は土・日曜日、祝祭日も開館、10月〜1月は土曜日のみ開館）
・交通　JR四国・土佐くろしお鉄道後免駅下車、徒歩20〜25分または車5分。車ではりまや橋から約30分、高知龍馬空港から約15分、高知自動車道南国インターから約15分。

高知県立埋蔵文化財センター外観

高知県立埋蔵文化財センターの展示室

遺跡の発掘調査業務と普及啓発に関する業務をおこなっている。普及啓発に関する業務としては、出土遺物や検出遺構について公開・展示をおこない、発掘調査の成果を広く紹介している。また四国内の関連機関と連携して巡回展や考古学講座、出前考古学教室などもおこなっている。

高知県立歴史民俗資料館

・南国市岡豊町八幡1099―1
・電話　088（862）2211
・開館時間　9：00〜17：00（入館は16：30まで）
・休館日　12月27日〜1月1日、企画展・特別展の入替時、燻蒸時等に臨時休館（2009年11月10日〜10年3月20日まで館内改修のため休館）
・入館料　常設展＝大人450円、企画展＝大人500円、高校生以下は無料。
・交通　バスで、はりまや橋、JR高知駅より歴史民俗資料館行き終点下車（1日3便）、領石、奈路、田井方面行き学校分岐（歴民館入口）下車。車で、高知自動車道高知インターまたは南国インターより約10〜15分、高知龍馬空港より約20分、JR後免駅より約15分。

高知県の歴史・民俗を知るための格好の博物館。「高知県の歴史をひも解く／総合展示室」と「高知県の生活文化に触れる／民俗展示室」の常設展示があり、総合展示室で高知県の歴史を展示し、田村遺跡の切り取り水田跡や香南市兎田八幡宮所蔵の絵画銅剣などを見ることができる。

刊行にあたって

「遺跡には感動がある」。これが本企画のキーワードです。

あらためていうまでもなく、専門の研究者にとっては遺跡の発掘こそ考古学の基礎をなす基本的な手段です。また、はじめて考古学を学ぶ若い学生や一般の人びとにとって「遺跡は教室」です。

日本考古学では、もうかなり長期間にわたって、発掘・発見ブームが続いています。そして、毎年厖大な数の発掘調査報告書が、主として開発のための事前発掘を担当する埋蔵文化財行政機関や地方自治体などによって刊行されています。そこには専門研究者でさえ完全には把握できないほどの情報や記録が満ちあふれています。しかし、その遺跡の発掘によってどんな学問的成果が得られたのか、その遺跡やそこから出た文化財が古い時代の歴史を知るためにいかなる意義をもつのかなどといった点を、莫大な記述・記録の中から読みとることははなはだ困難です。ましてや、考古学に関心をもつ一般の社会人にとっては、刊行部数が少なく、数があっても高価なその報告書を手にすることすら、ほとんど困難といってよい状況です。

いま日本考古学は過多ともいえる資料と情報量の中で、考古学とはどんな学問か、また遺跡の発掘から何を求め、何を明らかにすべきかといった「哲学」と「指針」が必要な時期にいたっていると認識します。

本企画は「遺跡には感動がある」をキーワードとして、発掘の原点から考古学の本質を問い続ける試みとして、日本考古学が存続する限り、永く継続すべき企画と決意しています。いまや、考古学にすべての人びとの感動を引きつけることが、日本考古学の存立基盤を固めるために、欠かせない努力目標の一つです。必ずや研究者のみならず、多くの市民の共感をいただけるものと信じて疑いません。

監　修　戸沢　充則

編集委員　勅使河原彰　小野　昭
小野　正敏　石川日出志
小澤　毅　佐々木憲一

著者紹介

出原恵三（ではら・けいぞう）

1956年、高知県生まれ。奈良大学文学部卒業
現在、(財)高知県文化財団埋蔵文化財センター
主な著作『弥生土器の様式と編年　四国編』（共著）木耳社、『街道の日本史　土佐と南街道』（共著）吉川弘文館、『日本の戦争遺跡』（共著）平凡社ほか

写真提供（所蔵）
(財)高知県文化財団埋蔵文化財センター：図1・4・8・10～15・18・20～23・27・29～33・35～40・42(f)・44・45・47・49・51～64
高知県立歴史民俗資料館：図17・42(a～e)・65
南国市教育委員会：図3
香南市教育委員会：図66
高知新聞社：図72・73
浜田暁水氏：図2

図版出典
図6：国土地理院2万5千分の1地形図「後免」
図7・25・43・46：出原恵三2004を改変
図9：出原恵三1987を改変
図26・28：出原恵三2005を改変
図48・50・70：出原恵三2006を改変
図69：国土地理院5万分の1地形図「高知」

上記以外は著者

シリーズ「遺跡を学ぶ」060

南国土佐から問う弥生時代像・田村《たむら》遺跡

2009年8月25日　第1版第1刷発行

著　者＝出原恵三

発行者＝株式会社 新 泉 社
東京都文京区本郷2-5-12
振替・00170-4-160936番　TEL03(3815)1662／FAX03(3815)1422
印刷／萩原印刷　製本／榎本製本

ISBN978-4-7877-0940-0　C1021

シリーズ「遺跡を学ぶ」

A5判／96頁／定価各1500円＋税

第Ⅰ期（全31冊完結・セット函入46500円＋税）

01 北辺の海の民・モヨロ貝塚　米村衛
02 天下布武の城・安土城　木戸雅寿
03 古墳時代の地域社会復元・三ツ寺Ⅰ遺跡　若狭徹
04 原始集落を掘る・尖石遺跡　勅使河原彰
05 世界をリードした磁器窯・肥前窯　大橋康二
06 五千年におよぶムラ・平出遺跡　小林康男
07 豊饒の海の縄文文化・曽畑貝塚　木﨑康弘
08 未盗掘石室の発見・雪野山古墳　佐々木憲一
09 氷河期を生き抜いた狩人・矢出川遺跡　堤　隆
10 描かれた黄泉の世界・王塚古墳　柳沢一男
11 江戸のミクロコスモス・加賀藩江戸屋敷　追川吉生
12 北の黒曜石の道・白滝遺跡群　木村英明
13 古代祭祀とシルクロードの終着地・沖ノ島　弓場紀知
14 黒潮を渡った黒曜石・見高段間遺跡　池谷信之
15 縄文のイエとムラの風景・御所野遺跡　高田和徳
16 鉄剣銘一一五文字の謎に迫る・埼玉古墳群　高橋一夫
17 石にこめた縄文人の祈り・大湯環状列石　秋元信夫
18 土器製塩の島・喜兵衛島製塩遺跡と古墳　近藤義郎
19 縄文の社会構造をのぞく・姥山貝塚　堀越正行
20 大仏造立の都・紫香楽宮　小笠原好彦
21 律令国家の対蝦夷政策・相馬の製鉄遺跡群　飯村均
22 筑紫政権からヤマト政権へ・豊前石塚山古墳　長嶺正秀
23 弥生実年代と都市論のゆくえ・池上曽根遺跡　秋山浩三
24 最古の王墓・吉武高木遺跡　常松幹雄
25 石槍革命・八風山遺跡群　須藤隆司
26 大和葛城の大古墳群・馬見古墳群　河上邦彦
27 南九州に栄えた縄文文化・上野原遺跡　新東晃一
28 泉北丘陵に広がる須恵器窯・陶邑遺跡群　中村浩
29 東北古墳研究の原点・会津大塚山古墳　辻秀人
30 赤城山麓の三万年前のムラ・下触牛伏遺跡　小菅将夫
別01 黒耀石の原産地を探る・鷹山遺跡群　黒耀石体験ミュージアム

第Ⅱ期（全20冊完結・セット函入30000円＋税）

31 日本考古学の原点・大森貝塚　加藤緑
32 斑鳩に眠る二人の貴公子・藤ノ木古墳　前園実知雄
33 聖なる水の祀りと古代王権・天白磐座遺跡　辰巳和弘
34 吉備の弥生大首長墓・楯築弥生墳丘墓　福本明
35 最初の巨大古墳・箸墓古墳　清水眞一
36 中国山地の縄文文化・帝釈峡遺跡群　河瀬正利
37 縄文文化の起源をさぐる・小瀬ヶ沢・室谷洞窟　小熊博史
38 世界航路へ誘う港市・長崎・平戸　川口洋平
39 武田軍団を支えた甲州金・湯之奥金山　谷口一夫
40 中世瀬戸内の港町・草戸千軒町遺跡　鈴木康之
41 松島湾の縄文カレンダー・里浜貝塚　会田容弘
42 地域考古学の原点・月の輪古墳　近藤義郎・中村常定
43 天下統一の城・大坂城　中村博司
44 東山道の峠の祭祀・神坂峠遺跡　市澤英利
45 霞ヶ浦の縄文景観・陸平貝塚　中村哲也
46 律令体制を支えた地方官衙・弥勒寺遺跡群　田中弘志
47 戦争遺跡の発掘・陸軍前橋飛行場　菊池実
48 最古の農村・板付遺跡　山崎純男
49 ヤマトの王墓・桜井茶臼山古墳・メスリ山古墳　千賀久
50 「弥生時代」の発見・弥生町遺跡　石川日出志

第Ⅲ期（全25冊　好評刊行中）

51 邪馬台国の候補地・纒向遺跡　石野博信
52 鎮護国家の大伽藍・武蔵国分寺　福田信夫
53 古代出雲の原像をさぐる・加茂岩倉遺跡　田中義昭
54 縄文人を描いた土器・和台遺跡　新井達哉
55 古墳時代のシンボル・仁徳陵古墳　一瀬和夫
56 大友宗麟の戦国都市・豊後府内　玉永光洋・坂本嘉弘
57 東京下町に眠る戦国の城・葛西城　谷口榮
58 伊勢神宮に仕える皇女・斎宮跡　駒田利治
59 武蔵野に残る旧石器人の足跡・砂川遺跡　野口淳
60 南国土佐から問う弥生時代像・田村遺跡　出原恵三
別02 ビジュアル版 旧石器時代ガイドブック　堤　隆